Salomon · Hot Pants

Peter Salomon

Hot Pants

Lyrische Notate

Klaus Isele Editor

Herstellung und Verlag:
BoD – Books on Demand, Norderstedt
ISBN 978-3-7519-9354-8

Vorbemerkung

Ich war nie ein Freund von Aphorismen, bei denen aus
jeder Zeile die Weisheit quillt (manchmal auch nur
Quark.) Oft sind sie auch bloß schönes Wortgeklingel
– das mag ich ebenfalls nicht. Vor nicht allzu langer Zeit
habe ich begonnen, kleine Betrachtungen in Prosa zu
notieren, die mir teilweise wie Aphorismen vorkommen.
Das ist mir so unterlaufen. Manche sind aber auch
einfache Aufzeichnungen und Erinnerungen. Sollte ich
nun die ungeliebten Aphorismen darunter streichen?
Meine erschienen mir nicht so schlimm. Sie sind zwar
auch pointiert zugespitzt und prägnant, aber der Gestus
des Geistreichen ist zurückgenommen. Sie sollen mehr
verblüffen, als Sinn und Lebensweisheit versprühen.

Einige dieser Texte habe ich 2019 in einer Zeitschrift
veröffentlicht, dort wurden sie unter der Überschrift
»Lyrische Notate« versammelt und fanden bei einigen
Lesern Anklang. Dieser aus der Eile geborene Begriff
wurde vom Verleger und mir gewählt, um klar zu
machen, dass es keine klassischen Aphorismen sind. Aber
Lyrik sind diese kurzen Notate eben auch nicht. Der
Begriff gefällt dem Verleger und mir, er meint, es mache
nichts, dass der Begriff nicht völlig passe, er sei nun
eingeführt, und niemand habe sich darüber beklagt.
Sollte ich die Sammlung etwa Short Cuts nennen oder
Shorts oder Cuts oder Graffiti oder nur Notate oder
Kurze Sachen oder Hot Pants? Dann fiel mir ein, dass es
in der Musik den »Lyrischen Tenor« gibt – der singt
auch nicht nur vertonte Gedichte, und trotzdem ist der

Begriff akzeptiert. Wenn man den »Lyrischen Tenor« googelt, wird er so charakterisiert: Er habe eine leichte und geschmeidige Stimme und verfüge über eine große Modulationsfähigkeit und elegante Stimmführung. Derlei hörte ich gerne von meinen Lyrischen Notaten – wie ich sie nun im Untertitel nenne. Der Haupttitel sei »Hot Pants« – was auf Nachfrage einigen Kollegen von mir am besten gefiel. Meine Notate sind in meiner Literatur das, was Hot Pants in der Kleidermode sind.

Die Reihenfolge ist Zufall. Kann man das glauben?

Die Menschen werden immer älter. Aber sie leben nicht so lang

Wenn man mehrfach sterben könnte, ließe es sich trainieren

Die Zeit vergeht nicht. Wir sind es, die vergehen. (Das klingt wie irgendwo abgeschrieben)

Die meisten Taxifahrer sind Geisteswissenschaftler

Wir begleiten Kranke auf ihrem Weg durch das Gesundheitssystem, sagt die Sprecherin im ZDF vor der Sendung. Natürlich mit der Kamera. Ich schalte ab, ich will mich nicht anstecken

Es ist ein Unterschied, ob man als Kind einen Alten sagen hört: In meiner Jugend war das so und so – oder ob man als Alter empfindet: In meiner Jugend war das so und so

Zu Allen Ginsberg: Ich sah die besten Köpfe meiner Generation an Ratenzahlung zugrunde gehen

Sich zu prügeln, ist nicht so einfach, wie es aussieht. Das wichtigste ist, jede Hemmung zu verlieren

Vorsicht, schwebende Lasten – dieses Schild scheint aus
dem Verkehr gezogen. Was haben wir gelacht. »Vorsicht,
Worte!« lese ich in den Aphorismen eines Dichters.
Spricht er zu sich selbst, oder warnt er uns?

Ich habe alle Passbilder meines Lebens nebeneinanderge-
legt zu einem Mosaik. Sagen sie etwas über mein Leben,
wie es mich verändert hat? Vor allem reizen Sie dazu,
bekritzelt, übermalt und verändert zu werden. Die
Veränderungen durch die Lebenszeit sind einfach zu
schwach. Die Kunst braucht stärkere Reize.

Nachts das Radio – man denkt, man sei allein am Laut-
sprecher (im Bett, im Halbschlaf, nur mit halbem Ohr
dabei). Und trifft am nächsten Tag jemanden, der die
Sendung auch gehört hat, auch nur so halb. Zwei nächtli-
che Radiohörer, so halbe. Die Hälften passen nicht
zusammen, aber sie fühlen sich brüderlich

Denken ist Glückssache – heißt ein Spruch, der dem Volksmund zugeschrieben wird. Gottfried Benn sprach vom »Gegenglück«, in dem der Denkende lebt, der dem Geistigen dient. Denken ist nicht Zufall, aber dem Glücklichen fällt es leichter

Ich habe meine Siebensachen immer gepackt – einen kleinen Notfallkoffer für Krankenhaus oder Hospiz. Aber ich fürchte, dass der Tod es ablehnt, mein Gepäck zu tragen. Der Tod will nicht für einen Gepäckträger gehalten werden

Wenn er schenkt, dann meistens mit ironischen Gesten. Will er sagen: Schenk dir deinen Dank?

Ewigkeit ist langweilig, heißt es. Aber wer weiß denn überhaupt, was Ewigkeit ist? Selbst Langeweile – was ist das? Einfach schön dahergeredet, aphoristisch sozusagen

Geh in dich, sagen die Eltern zum Kind, das gelogen hat. Das Kind betritt ein weitverzweigtes Labyrinth. An jeder Weggabelung steht ein Wegweiser, aber die angegebene Richtung ist in jedem Fall falsch. Das Kind hat einen langen Weg zu gehen. Es staunt, wie viele Lügen in seinem kleinen Körper verborgen sind. Es findet erst den Ausgang, als die Mutter ihm über das Haar streichelt und signalisiert: Jetzt ist alles wieder gut

Schweigen ist keine Willenserklärung, es bedeutet weder JA noch NEIN, sagen die Juristen. Aber im Alltag kann es etwas bedeuten. Zärtlichkeit zum Beispiel

Die Alten sprechen davon, dass sogar ihre Erinnerungen abnähmen – wie ein Stück Seife beim wiederkehrenden Händewaschen. Je älter ich werde, desto üppiger blüht meine Erinnerung. Ich muss mich nicht mehr sklavisch an das Vergangene halten, Fehlstellen können mit Erfahrung und Phantasie gekittet werden. Erinnerung und Phantasie sind ein flottes Paar

Im Museum darf man Gemälde nicht berühren. Der Sammler streicht zuhause gelegentlich mit zwei Fingern über die Malschicht. Auch gute Freunde dürfen das – sogar mal eine Zigarette rauchen. Es ist etwas anderes, mit Bildern zu leben. Zu den verschiedenen Tageszeiten zeigen sie sich immer anders. Manche blitzen nur in der Nacht auf, wenn du mit der Taschenlampe zur Toilette gehst

Literatur – eine Art Nekrophilie. Vivisektion des Lebens

Sag die Wahrheit! Tut mir leid, ich kenne sie nicht. Und kennte ich sie, könnte ich sie nicht sagen. Heißt sprechen nicht immer lügen?

Hat mir jemals jemand die ungeschminkte Wahrheit gesagt? Ich kann mich nicht erinnern. Aber wenn sie geschminkt gewesen wäre, wüsste ich es noch. Ich bin empfänglich für gepflegte und gut gestylte Menschen und Sachen. Die mit mir nicht einverstanden waren, haben unschön geredet, Ja, sie waren ungepflegt und ungeschminkt

Was ist Kunst? Kunst lindert den Schmerz. Die Freude verhindert ihn. Sich mit Freude der Kunst hingeben macht übermütig

Gerne streite ich mich über Dinge des Geschmacks, des guten wie des schlechten. Das funktioniert sehr gut, besonders wenn es um den schlechten Geschmack geht. Immer führt so ein Streit zu Ergebnissen. Der Satz »Über Geschmack lässt sich nicht streiten« wird dem Volksmund zugeschrieben, und mit dem lässt sich nicht streiten. Aber wer ihn benutzt, der kriegt Contra von mir

Suizid ist mir fremd. Ich fühle mich ihm nicht zugeneigt. Ich möchte nicht den Eindruck hinterlassen, ich wäre unglücklich gewesen. Würde die Ansicht vorherrschen, Suizidanten würden ihre Tat aus Lebensfreude und Glück begehen, fände ich ihn attraktiver. Andererseits: Man soll ja man selbst sein. Früher sagte man Selbstmörder

13

Vor dem MYLORD. Spreter zu Armin: »Du machst mich
wahnsinnig. Ich bin verrückt nach dir. Du bringst mich
noch ins Irrenhaus.« Armin zu Spreter: »Ich bringe dich
nicht, ich rufe dir ein Taxi«

Ich bin nicht von hier – das konnte ich einige Jahrzehnte
sagen. Aber nach fünfzig Jahren am selben Wohnort
sage ich manchmal in Geschäften (um mich von Touri-
sten abzugrenzen, um zu signalisieren, dass ich morgen
noch mal wiederkommen könnte): Ich bin Konstanzer.
Ich sage aber auch: Eigentlich bin ich Berliner

Als ich noch Analphabet war, habe ich mir gerne vom Vater
Geschichten erzählen lassen. Keine aus dem Krieg,
sondern erfundene mit etwas Superman-Flair. Der
Große und der Kleine Korse war sein Bestseller. Nach
durchzechter Nacht und mit Restalkohol im Blut lief der
Vater zu großer Form auf und lieferte Woche für Woche
die geforderte Fortsetzung. Der Kleine Korse, der so
hieß wie ich, seilte sich am Kaugummi aus dem Hub-
schrauber ab und vertrieb die Uran-Diebe. Es war
Sonntag, ich durfte in Vaters Bett, während die Mutter
im Badezimmer rumorte

Kann man Lachen lernen? Ja, sagte der Lehrer zu den Schauspielschülern. Ich meine aber nicht technisch-akustisch, sondern »von Herzen«. Wenn es so etwas gibt, lässt es sich bestimmt lernen. Aber kommt das Lachen nicht aus der Lunge und aus den Bronchien und wird von der Muskulatur des Thorax befördert? Man kann ja auch Weinen lernen – kommt da jemand auf die Idee, weinen käme »von Herzen«

Die ewigen Jagdgründe – das sagt mir nichts, ich habe nie gejagt. Ich will auch nicht in sie eingehen. Lieber in den Himmel, da habe ich gewisse Vorstellungen

Die Raben, diese ängstlichsten aller Vögel, sind zutraulich geworden wie früher die Tauben. Die Tauben sind fast ganz verschwunden, das bewirken regelmäßige Vergiftungsaktionen. Wer an der Bushaltestelle wartet, will nicht, dass Raben und Krähen ihm zwischen den Beinen durchlaufen und Abfälle aufpicken – auch wenn sie besonders klug sein sollen

Der Sammler hängt öfter Bilder um oder wechselt sie aus. Die Abgehängten haben eine Verfärbung auf der Wand hinterlassen. Aber diese alten Rechtecke reichen nicht aus, um künftig an das frühere Bild zu erinnern. Der alltägliche Blick sieht sie bald nicht mehr, das neue Bild dominiert den Schatten, der es umgibt

Wenn ich tot bin, werde ich endlich eine gute Nachtruhe haben

Ich trage gerne Hüte. Der Nachteil ist, bei Wind musst du sie festhalten, was ziemlich blöde aussieht. »Dem Bürger fliegt vom spitzen Kopf der Hut« – Jakob van Hoddis Gedicht »Weltende« ist die Vision von Unglück

Den Aphoristiker stelle ich mir als Fliegenfänger vor. Er liegt ständig auf der Lauer und muss blitzschnell mit dem Kescher zuschlagen. Ich kann das immer nur ganz kurz und statt des Keschers bevorzuge ich die Fliegenklatsche. Besser gegen Fliegen ist aber die Leimspirale unter der Deckenlampe. Die verrichtet die Arbeit sachlich, und ich kann was anderes machen

Übung eines Weges: In einer Buchhandlung auf Capri kaufte ich am 8. Juli 1987 diesen Gedichtband von Dieter Leisegang, einem wunderbaren, aber eher unbekannten deutschen Autor. Die Inhaberin der Buchhandlung sprach nur italienisch und führte auch sonst keine deutschen Titel. Wie war das Buch dort hingekommen? Ich stellte mir vor, dass ein deutscher Urlauber das Buch mitgebracht, gelesen und dann auf diese Art entsorgt hatte, um sein Reisegepäck zu erleichtern. Ich las die Gedichte auf der Terrasse des Grand Hotel Quisisana. Oscar Wilde und Jean Paul Sartre hatten hier auch schon gesessen. Ich finde es nicht schlimm, für einen Angeber gehalten zu werden

Die Dummen sterben aus – immer mehr Halbgebildete finden das Leben unerträglich. Sie haben Abitur, aber dann? Dumm sein und Arbeit haben, das war Gottfried Benns Definition von Glück. Halbgebildet sein und arbeiten müssen, das kann nicht glücken

Wird in der Literatur von Gefühlen gesprochen, dann meistens von solchen, die »tief gehen«. Das verstehe ich nicht und kehre es spaßeshalber um: »Er hatte hochgehende Gefühle.« Noch witziger wäre »hochtrabende«

Die Angst des Tormanns beim Elfmeter. Die Artisten in der Zirkuskuppel: ratlos. Buchtitel, die in den kollektiven Phrasenschatz eingegangen sind. Dabei sind die Bücher nicht schlecht. Allerdings schrieb Peter Handke nach Erscheinen der Artisten über Kluges Buch einen bösen Verriss, ja schlimmer: er verspottete das Buch

»Mit deinem dummen Gerede raubst du mir noch den Verstand.« Diese dumme Phrase hörte ich schon Leute benutzen, die wirklich darüber verfügten

Wirklich, ich wurde gefragt:»Können Sie uns ein Motto sagen, das ganz auf Sie zutrifft?« Ja, konnte ich:»Leichen pflastern meinen Weg«

Jemand behauptet, er würde an jedem Tag tausend neue Erfahrungen machen. Warum nicht gleich zehntausend? Und kann jemand, der eine Zahl aussprechen kann, auch zählen? Nebenbei: Unter Erfahrungen (so abstrakt daher gesagt) kann ich mir nicht viel vorstellen

Mein Freund Norbert (71) tut schockiert: Im Bus hat ihm eine junge Frau neulich ihren Sitzplatz angeboten. Mir (72) passiert das schon seit zwanzig Jahren. Norbert ist Autofahrer, ich hatte nie eins

Altgeworden phantasieren, wie schön es sein müsste, mit dem Bewusstsein von heute noch den Körper der Jugendzeit zu haben. Die Erscheinung wird aber nicht nur von organischen Prozessen bestimmt, sondern auch vom Bewusstsein. Der Schmelz der Jugend ist ohne Unwissenheit und Besserwisserei nicht denkbar

Kann man sich vorstellen, dass Kafka Aphorismen geschrieben hätte? Nein, das ist undenkbar

Vergessen – was ist das?

Die meisten Lyriker sind eine Bedrohung für die Dichtkunst

Dichtkunst ist eine Gefahr für die Dichter

»Eine Hand wäscht die andere« sagt man – aber doch nur bei ein und derselben Person!

Auch Aphorismen kommen aus grauen Zellen. Aber man soll es ihnen nicht anmerken

Jeder Kopf hat schon einmal eine Idee gehabt. Aber das macht die Kopfträger nicht gleich

Tot sein – es wird kein böses Erwachen geben

Selbstmörder erregen immer Neid – ihnen wird viel
Schlimmes erspart bleiben

Im Kurort: Als der junge Körper noch von Hormonen
überschwemmt wurde, waren Touristen ideale Objekte
der Begierde; im Gegensatz zur arbeitenden Bevölke-
rung hatten auch sie Zeit und Lust für Erlebnisse.
Fünfzig Jahre später nehmen sie ihm bloß die Sitzplätze
im Bus weg

Man soll nicht mit dem Strom schwimmen. Aber gegen
den Strom schwimmen – ist das denn vernünftig? Besser
wäre es, ein Motorboot zu haben. Ich ziehe es vor, am
Ufer spazieren zu gehen

»Ich lache mich tot« – die Floskel scheint mir aus der Mode gekommen

Ist Gott geizig? Ich stelle ihn mir als Schwarzarbeiter vor. Er will keine Steuern an Petrus bezahlen und arbeitet im toten Winkel des Himmels. Da sehen ihn nicht mal die Engel. Nur der Teufel sieht ihn, doch der verpetzt ihn nicht

Ich habe viele Erinnerungen, und ich kann mich gut erinnern. Das ist wie ein zweites Leben

Habe ich eine Lebensaufgabe? Nein, so etwas gibt es nicht

Als ich in Gunter Willach verliebt war, war ich immer
ironisch, wenn ich ihn traf – ich war brillant wie sonst
selten. Es war leicht, ihn zum Lachen zu bringen. Aber
zum Sex führt Ironie nicht; auch Lachen ist nicht
förderlich. Sex ist eine ernste Sache.

Aphorismen sind meistens langweilig; man muss sie erst
zuspitzen und genau zielen, wenn sie treffen sollen. Wie
ein Bogenschütze

Darf man sagen, eine Krankheit sei ausgestorben?
Bestimmt nicht, solange noch Menschen oder Tiere
leben, in denen sie wirksam werden könnte. Auch müsste
man zwischen Krankheiten unterscheiden, die durch
Erreger hervorgerufen werden, und solchen Krankhei-
ten, die auf Abnutzung oder Versagen von Bestandteilen
des menschlichen Körpers beruhen

Ich gelte als »der ständige Gelegenheitsdichter.« Das höre ich gerne und wiederhole es hier, damit es sich einprägt

Er hatte eine Leidenschaft für die Dichtkunst, sagt man von D. Gibt es auch eine Perversion bezüglich des Dichtens?

Im Foyer: Niemand verstummte ehrfürchtig, als die Musik einsetzte. Die Musik verhinderte, von anderen belauscht zu werden

In der Tagesschau wurde von einem »großen Desaster« berichtet. Der Verkehrsminister hatte dem Land durch unkluge Vertragsabschlüsse großen Schaden zugefügt. M. E. also nur ein ganz normales Desaster

Angeblich riechen Rosen gut. Das finde ich nicht. Und angeblich sind Rosen besonders schöne Blumen. Das finde ich auch nicht. Ich finde ihren Duft billig und ihr Aussehen übertrieben aufgebrezelt – so wie manche reichen Frauen

Ich las einen Artikel über den Louvre und die Mona Lisa. Jeder Besucher in der Schlange habe eine Minute Zeit, sie anzuschauen, dann muss er weiterrücken. Die meisten benutzen die Minute derart, dass sie sich mit dem Rücken zum Bild stellen, etwas versetzt, damit sie es nicht verdecken, und dann machen sie ein Selfie, das sie allen ihren Freunden und Bekannten posten: »Ich neben der Mona Lisa.« Sie haben das Bild nicht gesehen, können es aber hinterher auf dem Display betrachten, wo sie selber mit drauf sind. Wollte ich mich, indem ich das Vorstehende einigen Freunden in meine E-Mails einfügte, über die Selfie-Macher erheben und sie lächerlich machen? Wollte ich ein Beispiel geben, wie schrecklich banal und eitel unser Leben geworden war? Keiner meiner Freunde hat mich zur Ordnung gerufen, wie man so etwas früher nannte. Nun mache ich es selbst: Ist es nicht das einzig Richtige, wie diese Selfie-Macher ihre Minute nutzen? Was könnten sie denn in einer Minute Stillstand in der Schlange mit dem Bild anfangen? Auch sind sie keine Fachleute in Sachen Bildbetrachtung. Sie

sind da reingelockt worden. Sie würden (wie) dumm vor
dem Bild stehen. Mit dem Selfie, wenn sie es versenden,
schaffen sie Kommunikation. Sie bekommen Feedback,
wie man früher sagte: Also: Was solls? Die Betreiber des
Louvre sollten weniger Superlativ-Werbung machen,
damit weniger Besucher kommen und die, die kommen,
Kundigere sind und mehr Zeit für das Bild haben

Die Lebensgeschichte meines Vaters kenne ich genau; er hat
sie mir erzählt, als ich noch Kind war. Sonntags früh
durfte ich zu ihm ins Bett, wenn die Mutter lange im Ba-
dezimmer war. Er erzählte sie als Abenteuer-Geschichte.
Das Leben der Mutter ist ein Geheimnis, von dem ich
nur Bruchstücke kenne. Seit ich alt bin, habe ich das
Gefühl, dass ich schief bin und schief laufe – durch
dieses Ungleichgewicht

Zur Volkswirtschaft: Wieso soll eigentlich jedes Jahr
Wachstum stattfinden? Menschen hören doch auch
irgendwann auf zu wachsen. Ich bin froh, dass ich jetzt
nicht zwanzig Meter groß bin.

Die Mutter sagte: Im Leben dreht sich alles nur um Geld und Sex. Ich war noch klein. Als ich älter war, hielt ich die Eltern für Nazi-Mitläufer. Jetzt bin ich fast taub vom Geschrei der Waren und des Geldes. Mein ganzes Haus ist voll davon, und von draußen brandet es weiter an

Wer spricht von den Steinbrüchen Ägyptens? Die Pyramiden sind es, die die Leute anziehen und begeistern

Das Wort »gay« gefällt mir nicht. Es zerstört die Würde dieser Perversion

Zu Ludwig Wittgenstein: Wovon man nicht reden kann, darüber kann man lachen

Jedes Ding hat drei Seiten: Eine positive, eine negative und eine komische

N. N. – sollte er jemals gelacht haben, so liegt das sehr
weit zurück, noch vor seiner Kindheit

Es wäre nicht so schlimm, immer älter zu werden, fiele
der Tod nicht in eine traditionsfeindliche Welt, in der
nur die Zukunft zählt

Heiligabend: Die Geburt des Heilands ist ein Ereignis
außerhalb aller Normalität. Es ist das Gegenteil, das
Singuläre. Leider zeigt sich diese Besonderheit heute
Abend nicht. Das Radio dudelt, ich trinke Bier und
stricke literarische Kurzwaren. Ein Abend wie jeder

Ein Gourmetgericht: Taube in der Frühlingsrolle mit
Sesamspinat. Möchte ich das essen? Oder genügt mir der
originelle Klang dieses Gerichts?

Intelligenz besteht darin, nichts lächerlich zu finden

Fressen und gefressen werden. Leben und leben lassen.
Zwei Sprüche, deren Kenntnis ich in meine früheste
Jugend verorte. Sie fielen mir eben gleichzeitig ein.
Haben sie etwas miteinander gemein?

Ich sitze auf dem Balkon mit Lektüre und Notizbuch.
Auf dem Dach gegenüber lärmt ein Vogel und schaut zu
mir her. Warnt er vor mir? Vielleicht nehme ich mich
zu wichtig?

Gerne trinke ich Tee, aber Ceylon-Tee war noch nie nach
meinem Geschmack. Zu dunkel die Färbung, zu intensiv
der Geschmack. Aber das Wort Ceylon erfreut mich.
Eher gewöhne ich mich an den Tee als an den Namen
Sri Lanka

Wie und wo sterben Vögel? Noch nie sah ich einen, der
tot aus dem Himmel abstürzte. Auch Vogelleichen am
Boden sieht man nur selten – wenn sie von einem Auto
überfahren wurden. Ich vermute, die großen Flieger
verkriechen sich, wenn es ans Sterben geht

Mein Freund Axel Stief, ein mit Neuroleptika gut einge-
stellter schizophrener Mann, sagte zu mir im Rothaus-
Stübchen, als eine Wespe um uns herumkurvte:»Der
Sinn der Wespe ist, dass man Angst hat. Und wenn sie
wieder wegfliegt, kriegt man viele neue Gedanken.«
Leider ist Axel schon lange tot

Das Dilemma des Profi-Autors: Wer ständig schreibt,
bekommt wenig mit

Mitgehört: »Bratkartoffeln auf Rinderohr-Tartar? Nein
danke, kein Appetit! Ich möchte lieber geile Snails
aufreißen«

Mutter: Bei vielen Frauen fallen bestimmte Teile des
Gehirns einzig auf Grund der Tatsache aus, dass sie
einen Sohn haben.

Bei einer Vernissage: Entschuldigen sie, dass ich Ihnen den Rücken zukehren muss. Aber ich bitte Sie, eine Blume hat keinen Rücken. Vermutlich ergötzte ich mich an einer abgedroschenen Redewendung

Auf der Speisekarte stehen nur Dunkle Speisen: Schwarzhirsch mit Pflaumensauce. Schwarze Meise mit Rosinen. Blutpudding mit Brombeerjuice. Ich hatte noch nie ausschließlich dunkle Gerichte gegessen. Ich schaute in den Spiegel und lächelte. Die Zähne waren schwarz, als hätte ich schwarze Tusche getrunken

Motteboy, der Mann mit dem Holzkopf: Ich sage: »Vater, mach noch mal Motteboy.« Vater steht stocksteif da und lässt sich langsam nach hinten fallen. Im letzten Moment fängt Vetter Hans ihn auf. Der echte Motteboy ließ sich bis auf die Dielen fallen. Wenn sein Kopf aufschlug, knallte es wie Holz auf Holz. Die Zuschauer brüllten dann: Motteboy! Aber Vater war auch toll. Es dauerte nicht lange, dass ich ihn verdächtigte, er könnte Nazi gewesen sein. Googelt man heute »Motteboy«, gibt es keinen Treffer

Nilblauer Alpakaanzug, violette Ziegenlederhandschuhe, orangerote Schuhe aus Persianerpelz – das klingt gut; möchte ich Dandy sein?

Als junger Strafverteidiger frage ich einen Mandanten, der schon fünf Jahre im Gefängnis einsaß, wie er das denn aushalte? »Wissen Sie, antwortete er, ich sage mir immer: Die Zeit, die ich hier verbringe, müsste ich draußen auch verbringen«

Für den Schriftsteller ist es unmöglich, wenn er aus persönlichen Erlebnissen schöpft, die wirklichen Namen der handelnden Personen zu verändern. Das heißt, er muss zuerst die Klarnamen schreiben, sonst funktioniert es nicht; und diese erst später verändern. Es ist ein riesiger Unterschied, wenn aus dem geliebten Frank ein Ritchie wird. Am besten überlässt man diese Fälschung dem Lektor

Er wohnt jetzt schon fünfundvierzig Jahre in dieser Wohnung. Bestimmte Teile sind mehr verfallen als sein Körper (Kühlschrank, Badezimmer-Armaturen z. B.) Er lebt jetzt sehr gerne hier. Anfangs dachte er, das sei nur vorübergehend, bis er etwas Besseres gefunden habe. Naja, vorübergehend ist es ja immer noch. Warum spreche ich eigentlich in der dritten Person von mir?

Gemälde – wer sagt denn, dass sie an der Wand hängen müssen. Man kriegt mehr unter, wenn man sie an der Fußleiste gegen die Wand stapelt

Als General de Gaulle von einer Journalistin gefragt wurde, wie er zu sterben wünsche, antwortete er: »Lebend«

Das Leben ist ohne Probleme auch nicht leichter

Immer wieder versuche ich, das Leben in eine Form zu bringen – und immer wieder zerbricht das Leben die Form. Bisschen abstrakt, könnte aber stimmen

»Ich bin schließlich deine Mutter«, sagte sie. Darauf läuft alles hinaus

Schon als junger Mann habe ich mir geschworen: Nie werde ich ein Toupet tragen! Und nie werde ich die dünnen Resthaare vom niedrigen Scheitel quer über den Schädel kämmen. Ich hasse Wind

Bei allen Menschen ist es möglich, ehrlich zu sein, nicht zu lügen – nur bei den Eltern nicht. Bis zum Tod musst du deine Eltern anlügen

Als ich heute früh diese schlanke Frau beim Joggen sah, dachte ich: »Diätgestählt«

Ein Sammler: Sein Gebiet sind Vorkriegs-Limonaden-Flaschen. Wenn er husten muss, geht er mit dem Mund zu Achselhöhle und hustet da rein. Ein Corona-Avantgardist

Bei der Golo-Mann-Ausstellung 2005 in Salem war im Pissoir folgender Spruch an die Wand geschrieben: »Einsamer Junge sucht ebensolchen zum einsamen«

Sisyphus war Junggeselle. Kafka!

Hitler kann man sich nicht nackt vorstellen, schon gar nicht beim Küssen oder beim Ficken – darf man das sagen? Selbst seine Kammerdiener haben ihn nicht nackt gesehen. Hitler mit erigiertem Glied, das ist jenseits der Vorstellungskraft. Oder doch nicht?

Jeder zahlt einen Preis dafür, dass er sich in der Jugend überschätzt hat

Eine Kontaktanzeige: Collegegirl (22) alias Streetmädel alias Teenieboy (18) verspricht dem Mann, der ihm/ihr einen Mizuno-Badeanzug aus PVC kauft, seine/ihre grenzenlose Unterwürfigkeit. Ich googele »Mizuno« und stelle fest, dass so ein Badeanzug 1890,- Euro kostet. Kaum zu glauben. In dem Fall passt der Spruch »sündhaft teuer«

Es heißt, von Schmerz gebe es einen Plural, von Glück aber nicht. Gottfried Benn machte es einfach so: Glücke. (»Wer sagt dir denn, dass diese Glücke stimmen / und nicht dahinter eine Täuschung liegt?«)

Als Junge besuchte ich den Großvater in Porz; sein Haus stand an einer schönen Stelle direkt am Rhein. Als ich das erste Mal in die Stadt ging, sah ich über einem Bettengeschäft in großer blauer Leuchtschrift den Namen »Nassmacher«. Ich nehme an, so hieß der Inhaber. Inzwischen sind sechzig Jahre vergangen, und ich habe dieses Bild nicht vergessen. Ich war aber kein Bettnässer. Warum macht mein Gehirn das?

Der Lehrer sagte: »Bitte schreiben Sie ein Haiku, lieber Peter Salomon.« Ich schrieb:

Peter-Salomon-Haiku

Peter Salomon
Peter Salomon Peter
Salomon Peter

»Kann es sein«, fragte der Lehrer, »dass Sie ein bisschen egozentrisch sind?« Ich sagte: »Aber die Silben stimmen«

Der Zweifel ist mein Lebenselixier – ich verzweifle nicht. Höchstens wenn er mich einmal verließe

»*Es war* ein geschichtlicher Augenblick – die Menschen hielten den Atem an.« Derlei führt zu einer Minderdurchblutung des Gehirns

Mein Freund Klaus war ein besonderer Mensch. In den 1960er Jahren war er auf dem Kilimandscharo einem Gorilla begegnet. Beide waren ohne Begleitung und gleich groß. Plötzlich standen sie sich gegenüber und sahen sich in die Augen. Dann drehten sich beide um und gingen zurück. Diese Begegnung hatte Spuren in Klaus' Wesen hinterlassen. Er war der Mann in Konstanz, der auf dem Kilimandscharo einem Gorilla begegnet war – und das hatte sein Leben für jeden bemerkbar verändert. Auch meins

Unschuld ist ein komisches Wort – man kann sie auch verlieren. Schuld hat eine viel deutlichere und stabilere Struktur

Neid ist mir fremd. Missgunst, was ist das? Und geizig bin ich auch nicht. Aber mir ist jederzeit bewusst, dass ich kein guter Mensch bin

Als Junge hatte ich einen Hund, Dickie, einen hübschen Kurzhaar-Dackel. Er liebte mich, was mich heute schmerzt, denn ich war es nicht wert. Ich machte Experimente mit ihm, die seiner Gesundheit schadeten und zu seinem frühen Tod führten. Ich forderte Mutproben von ihm, die er alle bestand. Für mich sprang er von einer Mauer in der Lassenstraße, die viermal so hoch war wie er selber – jeden Tag bei unserem Abendspaziergang ums Haus. Ich wollte, dass er springen kann wie eine Katze. Tollkühn stürzte er sich herunter. Früh plagte ihn die Dackellähmung, und schon mit neun Jahren starb er

Gäbe es einen Diktator, der alle Kriege beendet und den Wohlstand für alle schafft – ich würde ihm nicht huldigen. Diktatoren verändern sich immer zum Schlechten

Herr H. in H.: Ein Typus mit großem Sprengkopf, der es schafft, jedes Gespräch sofort in ein Schlachtfeld zu verwandeln. Nicht Verstandenes, halb Verstandenes und Falsches verrührt er mit einer Schein-Logik zu einem explosiven Klebstoff, den er in seinen Sprengkopf abfüllt, und der herausspritzt, sobald man mit ihm in Kontakt kommt

Diese Besserwisser! Diese Sprachspieler! Diese Aphoristiker!

Der Krankenhaus-Neubau hat einen Hubschrauber-Landeplatz bekommen, auf dem höchsten der Gebäude. Nachts fliegen jetzt manchmal Hubschrauber an meinem Haus vorbei – Transport für ein schwer verletztes Unfallopfer oder jemanden mit Herzinfarkt. Ich höre es im Halbschlaf, die Motorengeräusche stören mich nicht weiter, ich schlafe gleich wieder tief

Die Ratten verlassen das sinkende Schiff. Aber die Passagiere verlassen es auch, wenn es sinkt – selbst diejenigen, für die es kein Rettungsboot mehr gibt. Das Sprichwort meint wohl ein Schiff, das noch im Hafen liegt und erst später sinken wird. Den Ratten wird ein besserer Instinkt zugesprochen, eine Art Vorahnung. Die menschlichen Passagiere beugen aber auch vor: In Form von Rettungsbooten

Vor vielen Jahren habe ich eine Annonce aus unserer Tageszeitung ausgeschnitten. Das ist der Text:

Arthur!!

Le Croisic,

Karen B. (796 58 63)

Das kleine Papier liegt in meiner obersten Schreibtisch-Schublade, und ich lese es immer mal wieder. Ich bin sicher, dass es Teil eines Kriminalfalls war (Entführung, Erpressung). Ich gebe dann den Text bei google ein, aber es kommt kein Treffer. Für Aufklärung bin ich dankbar

Angst vor dem Tod? Dann erinnere dich daran, dass du doch schon einmal tot warst. Und – war das schlimm?

Warum schließen die meisten Dichter ihre Aphorismen mit einem Punkt ab? Sie meinen wohl, das gehöre sich so, wenn ein Satz endet. Aber ein Aphorismus ist doch nicht zu Ende, wenn seine Wörter aufhören

Ich erinnere mich daran, dass mein Vater zwei sehr spezielle Ansichten hatte, die er 1953 immer wieder äußerte. Einmal ging es um die Einführung des Zebrastreifens in die Straßenverkehrsordnung, die den Fußgängern auf der Fahrbahn Vorfahrt vor den Autos gewährte. Das sei völliger Quatsch und lebensgefährlich, sagte der Vater. Die Autos können doch gar nicht so schnell anhalten, wenn plötzlich ein Fußgänger über die Fahrbahn geht. Richtig sei einzig und alleine, die Fußgänger zu verpflichten, so lange zu warten, bis die Straße frei von Autos sei – dann könnten sie gehen. Des Weiteren ging es um die Abfallentsorgung und die Größe der Weltmeere. Vater vertrat die Ansicht, die Meere seien so riesig groß, dass man allen Müll dort hineinkippen könnte. Die Meere würden nie voll werden, so viel Müll könne die Menschheit niemals produzieren. Verbrennen von Müll sei völliger Unsinn und klimaschädlich. Im Wasser entstünde kein Rauch, und der Abfall werde über kurz oder lang zersetzt und verschwinde wie von selbst. Ich war sechs Jahre alt und fand, dass er recht habe. Ich trug es an meine Klassenkameraden und die Freunde in der Landhausstraße weiter

Ich sitze hier und schreibe anders. Mehr kann ich nicht tun

Ein Vorsatz für zehn Minuten: Nicht denken, schnell vergessen. Das erfrischt

Ziggy Stardust: In den 1970er Jahren war ich mit einem Außerirdischen befreundet – ihm galt die große Liebe und Leidenschaft meines Lebens. Er war jung, hübsch, lustig und machte mich mit vielen Phantasien aus dem Paralleluniversum bekannt. Bornierte Bürgerliche nannten ihn einen asozialen Stricher. Nach acht Jahren entschwand er wieder und für immer, sowohl aus meinem Leben wie aus dem Leben aller Leute, die uns kannten und die wir kannten. Mein Sein war verändert

Habe ich Anerkennung auf internationaler Ebene gefunden? Nein, das habe ich nicht. Ich habe mich nie auf dieser Ebene bewegt, sondern immer am Rand auf den Stufen – mal höher, mal tiefer – je nachdem, wo die Sicht besser war

Als Schriftsteller wirst du immer gefragt, warum du schreibst – eine Frage, die nur Schriftstellern gestellt wird; noch nie ist ein Violinist gefragt worden, weshalb er Geige spielt. Nur Verbrecher und Schriftsteller fragt man nach ihren Motiven

Antwort: Geschrieben habe ich immer für die alten Schulkameraden, meine Lehrer, meinen Chef, die Arbeitskollegen (Anwälte, Richter, Staatsanwälte.) Ich hoffte, sie würden es lesen und denken, da hat der Salomon doch etwas Rechtes gemacht. Nun sind fast alle meine Leser tot. Jetzt schreibe ich für die jungen Fremden, von denen ich keine Vorstellung habe

Nicht die Zukunft zählt im Leben, sondern die Vergangenheit. Auch dann, wenn man schon tot ist

Wenn ich in TV-Dokus junge Menschen der 1950er Jahre sehe, entzücken mich ihre schmalen, blassen, hungrigen Gesichter. Sie schauen nie überheblich, forciert fröhlich, »gut drauf« – sondern sind nur authentisch bei sich. Keine Werbung, kein Auto mit elektrischen Fensterhebern usw. hat den Gesichtsausdruck verdorben. Das Unglück, das sie erlebt haben, das »Entsetzen« sehe ich nicht in diesen Gesichtern. Ich bin verliebt in junge Kriegsheimkehrer, schlanke, hübsche, blonde Boys. Los, nun verachtet mich, den übergewichtigen Siebzigjährigen

Das ist es, wovor ich Angst habe: Klopfer, Läufer, Rufer. Ich bin alt, ich kann nicht mehr flüchten, und über mir klopft einer stundenlang auf den Küchentisch – dazu läuft er stundenlang kreuz und quer durch sein Zimmer (über mir), und alle Minute brüllt er laut: »Du verstopfte Kacksau!«, noch lauter und ohne Pause. Und keiner holt ihn ab in die Klapse. Er ist geduldet. Und das ist die zweite Angst, noch schlimmer: Ich bin der Klopfer, Läufer, Rufer

Hat der Teufel Humor? Ich stelle mir vor, er ist gleichgültig wie ein großer Stein (Findling); nicht unsympathisch. Aber witzig? Nein. Man kann sich draufsetzen zum Ausruhen vom Wandern (er ist dem Tod sehr ähnlich.) Wenn die Sonne scheint, ist er angenehm warm. Sonst brauchst du ein Kissen, damit Du dir den Arsch nicht verkühlst

Gott ist tot – das ist keine Nachricht. Gott hat sich ein Hündchen angeschafft, als Spielgefährten, damit er nicht so einsam ist. Das könnte die Leute interessieren. Besser wäre: Gott vom Mops gebissen!

Die Zeit geht nicht in Lederschuhen, die Zeit läuft barfuß. Bei spitzigen Steinen oder Glasscherben bekommt sie schnell blutige Füße

Ich war schon als Kind klug – ich habe nie von einer eigenen Insel geträumt. Mein Traum ist bis heute das Leben in einem guten Hotel

Rilke: Jedem Anfang wohnt ein Zauber inne. Das stimmt irgendwie. Ich möchte aber einschränken: Ab einem gewissen Lebensalter. Vermutlich, sobald man nicht mehr bei den Eltern wohnt. Der erste Zauber kommt mit dem Auszug aus dem Elternhaus.

Auch in der Vergangenheit gab es Zukunft. Nur in der Kunstgeschichte wird sie gewürdigt: als Avantgarde

Geburt und Tod haben offenbar eine gut funktionierende Abmachung. Es werden exakt so viele Menschen geboren, wie später sterben. Bei dieser Milliarden-Rechnung ist es erstaunlich, dass noch nie ein Rechenfehler aufgetreten ist

Man kritisiert mich: Was ich gesagt hätte, sei bloß ein ganz durchsichtiger Vorwand. Man sieht also, worum es geht, aber man spürt den Wind nicht. Manchmal bräuchte es einen Sturm, der die Vor-Wand einstürzt

Das Leben ist flüchtig. Du bist ein Flüchtling. Pass auf, dass die Bemühungen, dich zu integrieren, dir nicht die Schnelligkeit nehmen, die du zur Flucht brauchst. Oder willst du sesshaft werden? Womöglich »in der Mitte der Gesellschaft?«

Der erste Satz sei das Wichtigste eines literarischen Textes, so wird immer wieder gepredigt, er müsse eine Verführung zum Weiterlesen sein. Scheinbar halten sich alle Erzähler an diese Regel. Meistens kommt nach einem tollen Anfang nicht mehr viel Gutes nach

Suchanzeigen nach verschwundenen Katzen heißen »Katze vermisst.« Geht es um einen Hund, lautet die Überschrift: »Hund entlaufen«

Man soll nicht in der Vergangenheit leben. Schau nur nach vorn und nie zurück! Das ist das erste Gebot aller Zurückgebliebenen

Wenn ich mich im Hotel zum Schreiben zurückziehe, schaue ich zur Abwechslung wahllos Fernsehen, oft ohne Ton. Diese Unmengen Schauspieler, die auf 114 Kanälen Szenen aus dem alltäglichen Leben spielen, verwundern mich immer wieder. Dass Menschen es zum Beruf machen, Personen und Konflikte zu mimen, die man im Alltag doch tunlichst meidet, ist mir unbegreiflich – ebenso wie das Interesse, neurotischen Alltagsstreit anzuschauen. Könnten alle Menschen eine Psychoanalyse machen, gäbe es diesen Fernsehstoff nicht mehr und das Berufsbild der Schauspieler wäre ein anderes

Manchmal habe ich die Phantasie, dass ich mir wünsche, jemand würde mich fragen: Gibt es einen Satz, der dir viel bedeutet in deinem Leben? Es muss nichts Kluges sein, nichts Philosophisches. Einfach ein Satz, der dir schon lange nachgeht und das Potential hat, weiter zu wirken. Ich muss nicht lange nachdenken, der Satz ist kurz und schlicht. Frank sagte ihn, als wir uns das letzte Mal sahen: »Ich würde es gerne noch einmal machen.« Der Satz hat sich von seiner Geschichte entfernt und verselbstständigt. »Ich würde es gerne noch einmal machen«

Aphorismen sind in der Literatur das, was Hot Pants unter den Hosen sind. Sie sind kein Kleidungsstück für schlechtes Wetter

Wer sich für die Wahrheit interessiert, verliert leicht den Halt. Aber nicht jeder Haltlose ist ein Wahrheitssucher

Toxische Männlichkeit – diesen Begriff hörte ich heute das erste Mal, und ich notierte ihn für später. Traue ich ihm den Weg in die Alltagssprache zu?

Pop-Star: Attraktiv an diesem Beruf ist, dass man nicht nur mit Geld bezahlt wird, sondern auch mit Sex. Was ist ein Konzernmanager von 100.000 Mitarbeitern gegen einen Fußballprofi der Nationalmannschaft? Oder ein Büchner-Preisträger gegen einen James-Bond-Darsteller? Nichts!

Ob es einmal eine Jugend ohne Jugendkultur gab? Natürlich! Heute gibt es nur noch Jugendkultur – auch für Opis

Leierkastenmänner, die im Hinterhof spielten; die Mutter wickelte zwei Zehnpfennigstücke in Zeitungspapier und warf sie aus dem Küchenfenster. Und der Mann, der mit der Glocke bimmelte und rief: »Kartoffeln! Kartoffeln! Zehn Pfund eine Mark!« Nach wenigen Minuten umringten ihn die Frauen, die ihre Wohnung verlassen hatten, um dieses Sonderangebot wahrzunehmen. Das alles gibt es nicht mehr. Auch nicht die unbebauten Grundstücke, auf denen wilde Grünpflanzen und Unkräuter wucherten, in denen sich Papier und allerlei Unrat verfing. Ich habe das alles sehr gemocht, obwohl es aus einer Welt ohne Wohlstand stammte. Jetzt ist nicht nur jede freie Fläche überbaut, sondern sogar Nachverdichtung ist im Gange. Es ist alles komfortabler geworden, aber ich finde es nicht vertrauenerweckend

Unterwegs: Wo immer ich einen Moment verweile, treffe ich auf einen Aushang mit dem Suchtext »Katze vermisst.« Ich soll achtgeben auf weißes Fell mit schwarzen Flecken und Pfoten, und ich soll nachschauen, ob ich sie nicht versehentlich in einem Verschlag eingeschlossen habe. In Kinderschrift ist hinzugefügt: »Bitte schauen Sie schnell, die Zeit läuft uns davon«

Mit 37 Jahren habe ich eine Psychoanalyse begonnen, die sich über viele Jahre hingezogen hat. Es war eine mehr oder weniger Freudsche Analyse. Lange Zeit schwieg der Analytiker oder beschränkte sich auf Bemerkungen wie: »Hm«, »Aha« oder »Was fällt Ihnen dazu ein?« Das hatte den Vorteil, dass ich nie mit Meinungen bedrängt wurde und mir auf fast alles, was ich zur Sprache brachte, die Antwort selbst geben musste. Aber in einer Sitzung, noch in der Anfangsphase, passierte eine Ausnahme. Ich sprach darüber, dass ich von Wirtschaftsdingen fast nichts verstehen würde. Darauf reagierte der Analytiker mit einem wahren Wortschwall: »Als Intellektueller sollten Sie das aber! Auch Freud hat etwas von Wirtschaft verstanden. Was hält Sie denn davon ab, jeden Tag in der Zeitung auch den Wirtschaftsteil zu lesen? Wieso immer nur das Feuilleton?« Ich war baff und weiß nicht mehr, wie ich darauf reagiert habe. Die Analyse war sehr erfolgreich. Auch andere Leute haben davon profitiert. Aus einem besserwisserischen Hitzkopf, der liebend gerne polarisierte, war ein angenehmer Mensch geworden, der auch heikle Situationen zu moderieren versteht. Eigentlich ist nur ein Defizit zurückgeblieben: Für Wirtschaftsdinge habe ich mich weiterhin nicht interessieren können und verstehe auch heute noch nichts davon. Vielleicht hat der Analytiker in diesem Punkt zu früh angefangen, richtig mit mir zu sprechen. Ich musste mich nicht selbst aus der Unmündigkeit befreien

Ich glaube nicht, dass das, was ich denke, aber nicht ausspreche, auch ohne Worte in das Gehirn meines Gegenübers diffundieren kann. Aber ich weiß aus Erfahrung, dass Heroin, das sich ein junger Junkie drückt, auch bei mir ins Gehirn einfährt, wenn ich ihn begehre. Bei Alkohol geht es dagegen nicht; eine spirituelle Alkoholübertragung habe ich nie erlebt – im Gegenteil Abwehr gegen das besoffene Gefasel. Bei Codein und Opioiden klappt es auch

Frage: Sie sind ein Intellektueller – haben Ihnen die Medien Fernsehen und Internet neue Erkenntnisse beschert? Antwort: Ja, Einblicke in die Innensicht des Pöbels. Ohne diese Quellen gab es nur den Stammtisch, den der Intellektuelle aber meidet und wo das Innere nicht so radikal offenbart wird wie im Internet und in bestimmten TV-Serien

Wir lachen schnell und besserwisserisch über Verschwörungstheorien und ihre Erfinder. Aber ein bisschen Verdacht ist schon angebracht in dieser Welt

Schon viele Jahre hat mich keine Mücke mehr gestochen. Haben sich Geruch und/oder Geschmack meines Blutes verändert? Unangenehm für die Blutsauger, die es nun meiden? Aber es surren auch keine Fliegen mehr im Schlafzimmer, die man am besten kurz vor dem Einschlafen hörte. Ich wohne im fünften Stock – ist das zu hoch für die Viecher? Oder ist es ein Teil dessen, das in der Zeitung »Das Verschwinden der Artenvielfalt« heißt? Kürzlich übernachtete ich in einem kleinen Gasthof auf dem Dorf. Alle Fenster und die Balkontüre hatten Fliegengitter – und wenn ich vom Balkon auf die Kuhweide blickte, sah ich, wie Kühe und Schafe von Insekten umschwirrt wurden. Man sagt, Hunde spüren, wenn ihr Herr Krebs hat; mit einem Mal meiden sie engen Kontakt. Merken auch die Mücken und Fliegen, dass ich krank bin?

Im öffentlichen Verkehrsraum gibt es nicht mehr so viele Uhren wie früher – ja, fast überhaupt keine mehr. So wie die öffentlichen Uhren knapp geworden sind, ist es auch mit der Zeit, die mir bevorsteht. (Nebenbei: Die Zeitanzeige ist in die Smartphones gewandert, die heute fast jeder in der Hosentasche hat, wo sie einen unschönen viereckigen Abdruck hinterlassen; ich könnte nie mit jemandem Sex haben, dessen Jeans neben der Schwanzbeule ein abgewetztes Viereck haben)

Viele Witze in der Zeitung kommen »Ohne Worte« aus, so steht es dann darunter. Viele Gemälde im Museum heißen »Ohne Titel«. Einen Roman ohne Titel oder gar ganz ohne Worte kenne ich nicht. Auch hier scheint die Bildende Kunst der Wortkunst überlegen, oder gibt es vielleicht ein Gedicht von Christian Morgenstern, das die Überschrift »Ohne Worte« hat und dann auch wirklich keine enthält. Ihm wäre es zuzutrauen

Am meisten von allen verschwundenen Tieren vermisse ich die Spatzen. Sie scheinen so gesellig, immer guter Laune und machen Lärm in einer angenehmen Lautstärke. Mir fallen keine anderen Tiere ein, die so viel Lebenslust verkörpern

Die Vergangenheit quält mich nicht, hat mich nie gequält. Ein bisschen die Zukunft – und immer die Gegenwart

Man soll nicht »Fremde« sagen zu eingebürgerten Menschen mit »Migrations-Hintergrund« und zu ihren in Deutschland geborenen Kindern. Aber alle Menschen sind doch »Fremde«, insofern sie nicht zu meinen paar Freunden und zu meiner Familie gehören – und selbst in der Familie sind mir einige fremd. Wie soll ich denn die ganzen fremden Leute nennen, die mir auf der Straße entgegenkommen, wenn ich sie nicht so nennen darf?

Als ich 1959 mit dem Reiten begann, war mein Reitlehrer ein Herr Galle, ein alter ausrangierter Kavallerie-Hauptmann (Rittmeister). Er war ein zerknittertes kleines Männchen, das sich auch als Jockey gut gemacht hätte. Er trug bei der Arbeit einen dunkelgrünen Ledermantel, ritt selbst fast nie, sondern stand in der Mitte der Reithalle und ließ seine Schüler hintereinander durch das Oval traben und seine Kommandos befolgen. Dabei musste er sich den ganzen Tag drehen und brüllte nicht nur Befehle, sondern gerne auch Schmähungen. Besonders auf Klapper-Katja hatte er es abgesehen. K-K war eine schon ältere Bürgersfrau, immer auffällig und schlecht geschminkt, verheiratet mit einem reich gewordenen Berliner Kaufmann. Sie wurde Klapper-Katja genannt, weil sie gerne jungen Männern schöne Augen machte und dabei heftig mit den bunten Augendeckeln klimperte. Herr Galle brüllte:»Sie da auf *Prinz*, Sie sitzen wieder da wie ein hingeschissenes Fragezeichen! Fester Beinschluss! Absätze runter! Fußspitzen nach innen! Becken vorschieben! Brust raus! Arme locker abgewinkelt! Hände stillhalten! Wie oft soll ich das noch sagen? So blöde, wie Sie dasitzen, lernen Sie es nie!«
Prinz war eines der besten Pferde, das heißt, es war gutmütig und gehorsam, reagierte auf Kommandos fast von alleine, der Reiter musste nicht viel tun, um auf es einzuwirken. Die unausgesprochene Drohung des Herrn Galle war, dass er K-K in der nächsten Stunde auf *Kobold* setzen würde – ein stures freches Biest, das nur gute Reiter unter Kontrolle bekommen konnten und auf das manchmal die gesetzt wurden, die der Reitlehrer demütigen wollte. Es ist erstaunlich, wie sich wohl-

habende bürgerliche Erwachsene so kurz nach der Nazi-Zeit freiwillig und für viel Geld in ihrer Freizeit unter das Kommando von Herrn Galle begeben konnten. Ich musste meistens auf *Kobold* reiten, aber ich konnte es, bei mir musste er klein beigeben

Wäre ich noch jung und hätte noch einmal die Möglichkeit, eine Kunstsammlung aufzubauen, würde ich einen Schwerpunkt auf unbekannte Maler legen: Gemälde ohne Signatur oder mit Signatur, die aber nicht lesbar ist. Da ich viele Jahre die Angebote kleiner Auktionshäuser studiert habe, ist mir aufgefallen, dass man in diesem Segment ganz außergewöhnlich gute Bilder entdecken kann – und das für wenig Geld. Es ginge nicht darum, unter den NoNames die eine oder andere Berühmtheit des Kunstmarktes zu enttarnen, sondern die Perlen unter den Mauerblümchen zu entdecken und zu bündeln

»Farbenblindheit ist selten; Kunstblindheit die Regel«, schreibt Arno Schmidt. Recht hat er. Aber ich zweifle daran, dass er Kunstkenner war – bestimmt gehört er zu den Kunstblinden. Trotzdem hat er eine wahre Einsicht gehabt; wer schreibt, wächst oft über sich hinaus

Der Schriftsteller Hans Bethge (1876-1946) hat schöne Liedtexte geschrieben, die Gustav Mahler vertont hat. Und es gibt schöne Nachdichtungen aus dem Chinesischen vom ihm. Auch sein Leben/seine Biografie hat mich immer berührt. Er gehört zu meinen Lieblingsschriftstellern. Zu seinem fünfzigsten Geburtstag am 9.1.1926 hat er ein Selbstporträt geschrieben und als Privatdruck veröffentlicht. An einer Stelle heißt es:»Ich habe mir, besonders in jungen Jahren, oft gewünscht, die Leidenschaft der Liebe in ihrer höchsten, göttlichen Vollendung kennen zu lernen; jenes die Welt überstrahlende Gefühl, das alles duldet und alles verzeiht und wie ein Meer über die versinkenden Menschen zusammenschlägt. Eine Leidenschaft von dieser Größe war mir nie vergönnt. Ich habe mich mit den Leidenschaften zweiter Ordnung begnügen müssen.« Soviel mich mit Hans Bethge auch verbindet, in puncto höchster Leidenschaft habe ich andere Erfahrungen gemacht, als er sich vorstellt, und ich muss sagen, dass seine Vorstellungen falsch sind. Wer höchste Leidenschaft erlebt, ist nicht auf dem Weg zu göttlicher Vollendung, sondern eher auf dem Weg zum Teufel. Richtig ist, dass das Gefühl höchster Leidenschaft ozeanisch ist und wie die Wellen des Ozeans über einem zusammenschlagen – aber wem das passiert, der steigt nicht, der sinkt. Man muss sehr aufpassen, dass man nicht untergeht. Außerdem hat große Leidenschaft weniger mit Liebe zu tun, sondern mehr mit Sexualität. Ich spreche aus Erfahrung und wundere mich heute, dass ich alles ohne sozialen Abstieg überstanden habe. Gut tut mir im Nachhinein, dass Hans Bethge mich beneidet hätte, wenn wir uns gekannt hätten

In fremden Städten habe ich nie die Sehenswürdigkeiten abgeklappert. Abenteuer mit fremden jungen Männern suchte ich. Da die meisten die Woche über bei der Arbeit sind, traf es sich meistens mit den Arbeitslosen. In New York war es die Stricher-Bar »Haymarket« direkt neben meinem Hotel, wo ich sie fand. Die Kneipe war rund um die Uhr geöffnet. Nachmittags gabelte ich einen Hübschen auf. Nachts ließ ich ihn bei mir schlafen, und am nächsten Vormittag musste er mir etwas in der Stadt zeigen, das nicht im Fremdenführer steht. So lernte ich Brooklyn kennen, Soho und Harlem. Manchmal, wenn der gesuchte Pusher nicht aufzutreiben war, dauerte es mir etwas zu lange, aber im Großen und Ganzen war es lehrreich. Erstaunlich, von wo aus man überall die Freiheitsstatue sehen konnte (die ich aber nie besucht habe)

Die Mutter (90) kommt von einer zweiwöchigen Reise zurück in ihre Berliner Wohnung. Am Telefon berichtet sie empört über den großen Postberg, der sich inzwischen angesammelt hat: »Alleine drei TV-Programme und davon schon zwei gar nicht mehr gültig! Wenn die wenigstens noch gültig wären«, ruft sie erregt, »dann hätte ich noch was davon. So muss ich mich mit dem ganzen Altpapier abplagen, alles Werbung!«

Die Kamera-Aufzeichnung als Mittel der Beglaubigung: »Ich verspreche Ihnen vor laufender Kamera …«, sagt der Politiker dem Journalisten, der ihn interviewt. Früher sagte man: »Ich schwöre es.«

Walter Benjamin beginnt einen Aphorismus so: »Glücklichsein heißt …« – Ich finde, so darf ein Aphorismus nicht beginnen. Das ist einfach großkotzig

Neue Mandanten beim Rechtsanwalt; die meisten beginnen ihr Anliegen so: »Also, es ist eine komplizierte Geschichte, aber ich fasse mich kurz …« Und dann beginnt der Roman und will kein Ende nehmen. An eine Mandantin erinnere ich mich, die sprach so zu mir: »Oje, es ist eine lange verworrene Geschichte – hoffentlich sind Sie der Richtige dafür.« Auch sie hat gelogen, denn es war nur eine banale Kurzgeschichte. Ihre Katze war krank und der Tierarzt wollte sie nicht behandeln, weil er das Wartezimmer voll hatte und gleich in die Ferien fahren wollte. Was kann man da machen?

Das Besäufnis in Eiterfeld: Ich hatte tagsüber den literarischen Nachlass des Dichters Eugen Ferdinand Hoffmann (1885-1971) aufgespürt; die Nachkommen hatten mir die Papiere anvertraut, und sie lagen nun im Hotelzimmer des Gasthofes »Wiegand«. Nach dem Abendessen wechselte ich an die Theke, wo einheimische Männer eine gesellige Runde bildeten. Als ich schon arg betrunken war, ging ich aufs Zimmer, holte die Notizbücher und Manuskript-Mappen von Hoffmann herunter, zeigte sie meinen Saufkumpanen und prahlte mit meinem detektivischen Erfolg. Meine neuen Freunde waren allesamt Wurstmetzger und wollten mir als Gegengabe demonstrieren, dass sie auch etwas zu bieten haben. Einer wurde losgeschickt, um eine Kollektion besonders edler Räucherwürste zum Probieren zu holen. Noch nie hatte ich so leckere Würste gegessen – ich konnte nicht genug bekommen von diesen rohen, fettigen Delikatessen. Irgendwann begleitete mich einer der Metzger aufs Zimmer, wo ich einige Stunden vor dem Waschbecken stand und in Abständen hinein kotzte – ein Gemisch von Fett- und Fleischstücken, es nahm fast kein Ende. Die wertvollen Handschriften lagen nächsten Tags, als ich um 11 Uhr zum Frühstück schlich, akkurat neben der Kaffeetasse. Ich erinnere mich noch, dass die Metzger behauptet haben, dass Eiterfeld die höchste Blaskapellendichte aller deutschen Städte habe

Ihm wurde vorgeworfen, dass er egozentrisch sei. »Na klar«, sagte er, »ich bin sogar ego-exzentrisch

Verrücktheit erweitert den Erfahrungskreis – wenn man ein kluger Kopf ist

Ich bekam das neueste Buch von Hans Bender geschickt – mit einer Widmung. Aber die Widmung war nicht, wie früher, vom Autor, sondern von seinem Verleger. Hans Bender ist seit 2015 tot – aber sein Werk lebt offenbar noch. Einige Monate später schreibt der Verleger, er habe erst neunundzwanzig Exemplare verkauft. Mir fällt ein Satz aus dem Literaturbetrieb ein: »Tote Dichter sterben schnell.« Für Hans Bender hoffe ich das nicht

Alles geht vorüber... Die Liebe, die Jugend, alles, alles... aber nicht alles wird vergessen. Iwan Bunins Befund ist traurig, aber er ist auch tröstlich. Ich habe nie Lotto gespielt. Aber als Autor habe ich etwas gesetzt

Ich hatte einen schönen Traum und wachte froh auf. Ich hatte Leberkrebs und wurde immer dünner. Endlich passte mir die alte schwarze Lederjeans wieder, die ich jahrzehntelang aufgehoben hatte, für ihre Wiederauferstehung, ungewaschen. Ich schaute in den Spiegel, aber nicht ins Gesicht, nur unten rum bis zu Bauch. Die Morphium-Tropfen wirkten, ich war wieder hübsch wie ein dünner Junkie

Es ist ein kleines, noch sehr junges Bäumchen. Auf der glatten Rinde des Stamms krabbelt ein Käfer nach oben. Auf halber Höhe biegt er ab auf ein Ästchen. Ganz am Ende des Ästchens schaut er sich um. Wie ein Soldat, der nach einem Feind Ausschau hält. Weiter oben, am Wipfel, würden ihn zarte Triebe erwarten, hellgrün, noch gar nicht richtig entfaltet, lecker! Aber der Käfer bleibt auf Posten

Im Fernsehen wird für die Apothekenrundschau geworben, für das neue Heft. Lesen, was gesund macht! ist der Werbespruch. Ich, als Schriftsteller, werbe auch (hier zwischen Augen und Papier): Lesen hält gesund!

Alle, die den kleinen Peter kannten, sind nun tot. Die Eltern, die Lehrer, Spielkameraden, Freunde der jungen Jahre – selbst manche Gräber sind schon wieder aufgelassen. Wo liegen Herr Hensel und Frau Zilias? Er schrieb ins Zeugnis: Peter fällt durch sein ruhiges Verhalten auf. Und sie: Peter hat Schwierigkeiten mit der Sprachlehre. Die Mutter stattete ihr einen wütenden Besuch ab: Das konnte nicht sein! Wo liegen Herr Lange und Herr Stieler? Herr Lange gab mir eine »2« in Deutsch und rettete so die Versetzung. »Stielchen« verriet mir, dass ich in Mathe ins mündliche Abitur muss. Immer wieder übte er an der Tafel eine bestimmte Rechnung mit mir, als wolle er mich quälen, mit der ich dann geprüft wurde. Er war unser jüngster Lehrer. Morgens kam er mit dem Taxi zum Unterricht, leicht verspätet. Er roch nach Alkohol, Kneipe und hatte rote Augen. Unter Restalkohol rechnete er wie ein Gott. Ihn liebten wir wirklich. Früh gestorben auch Merkel (Selbstmord), Ramon Seidenberg (Selbstmord), mein Freund Hubertus Graf Schwerin, ermordet in Mexiko auf der Reise direkt nach dem Abitur – und der hübsche Kleine, den ich so mochte: erschossen bei einem Bankraub (als Kunde). Alle, alle sind nun tot. Auch Doktor Schwiderski ist tot, gut so! Hoffentlich treffe ich Dich nie wieder. Alle, alle sind nun tot

1950: Die Eltern unterhielten sich in der Wohnküche.
Ich kann mich gut erinnern, wie ich sie sprechen hörte.
Ich war umgeben von Stimmen, eingehüllt. Sie hatten
sich viel zu sagen. Ob auch gelacht wurde? Vermutlich
lag ich in meinem Bettchen, zugedeckt bis zum Kinn,
und sollte schlafen. Aber ich hörte sie sprechen. Ich war
zugedeckt mit Sprache. Doch ich verstand kein Wort.
Auch gelacht wurde nicht. Diese Sprache war sinnlos für
mich. Ich trieb in einem Weltraum aus Sprache, wie ein
Raumfahrer, der sich weit von der Erde entfernt hat und
immer weiter hinaus treibt ins All. Aber anstatt dass der
Donauwalzer erklang, erklang wie eine Sphärenmusik
die Sprache

Ich erzähle euch jetzt, wie ich mit zwölf war. Gerne saß
ich im Park auf einer Bank und blickte lange auf die
Tauben, die zwischen den Müßigen herumwackelten.
Nicht, dass ich Lust gehabt hätte, sie zu füttern. Ich
wollte sie auch nicht verjagen, es war einfach ein An-
blick, der mir gefiel

Ich habe entschieden den Eindruck, dass das Leben, das war, eine schöne Geschichte ist. Aber weil niemand sie aufgeschrieben hat, ist sie flüchtig wie ein Traum. Ich erinnere mich an viele Einzelheiten – und schon sind sie wieder weg. Wenn ich in dem Wenigen lese, was ich von der schönen Geschichte zu Papier gebracht habe, lyrisch verkleidet, wird es deutlich: Sachen, die man aufgeschrieben hat, altern nicht mit einem. Der Leser wird alt, die Geschichte bleibt jung

Viele Gräber von Schriftstellern habe ich nicht besucht. Zu Kafkas Grab in Prag haben mich Freunde mitgeschleppt, die das Auto hatten und das Sagen. Zum Grab von Ernst Stadler bin ich mit Bahn und Taxi gefahren. Es war schwer zu finden, eine Ganztagsunternehmung. Vor einem Grab habe ich den Hut abgenommen und den Kopf gesenkt und lange andächtig verharrt. Ich war sehr bewegt. Aber ich habe vergessen, vor wessen Grab das war

Über Ostern zu Hause: Ich praktiziere hier das große Warten, dieses die ganze Existenz ausfüllende schmerzhafte Erleiden der Zeit. Ich mache es mir angenehm mit Musikhören und Lesen, und von Zeit zu Zeit, wenn Erinnerungen und Phantasie sich melden und mischen, koche ich mir ein Gedicht

Der Weg ist noch der alte, selbst die Aufteilung der Parkplätze ist wie früher. 1972, ich war neu in der Stadt, war das Freibad Horn die erste Empfehlung, ein herrlicher Park am See mit freiem Eintritt. Bald war ich dort täglich zu finden von meinen neuen Freunden. Der Weg ist noch der alte. Aber ich bin jetzt auch ein Alter und treffe dort niemanden mehr, den ich kenne. Nein, der Weg ist nicht mehr der alte, er ist beschwerlich geworden. Ein Weg ist nichts, was je gleichbleiben könnte. Ich habe mich geirrt

Der Sinn des Lebens erscheint mir manchmal im Traum. Zum Beispiel träume ich von meiner Stammkneipe, in der ich 1983 bis 2003 jeden Abend Gast war. Zwanzig Jahre später fallen mir im Schlaf viele vergessene Einzelheiten ein. Zum Beispiel, dass der Hauswein der Kneipe der *Fessenbacher* war, eine seltene Sorte aus der Ortenau. Selbst die Namen der gestorbenen Gäste träume ich. Alle rauchten sie viel und tranken viel *Fessenbacher*. Und sind natürlich tot inzwischen. Auch die Kneipe gibt es nicht mehr. Und ich lebe ein anderes Leben. Aber im Traum bekommt die Sache einen Sinn

In meiner Schule hieß das Hauptfach Schwermut. In der
Erinnerung war meistens Sommer vor den Fenstern.
Manchmal wartete die Schauspielerin Barbara Valentin
unten auf den kleinen Ramon Seidenberg, den Lieblings-
stricher von Heinz Oestergaard, dem Modeschöpfer der
Grünen Polizeiuniformen mit den beigen Hosen. Den
kleinen Ramon liebten alle. Er war hübsch und frech
und ein schlechter Schüler. Seine Mutter war unsere
Französischlehrerin, sie liebten wir auch, Madame
Seidenberg. Als Ramon sich das Leben genommen hatte,
leistete sie sich keinen Fehltag in der Schule. In meiner
Schule hieß das Hauptfach Schwermut

Der Fluglehrer Fritz Stamer erinnert sich: Die Wasser-
kuppe liegt in der Rhön. Dort war die Wiege des Segel-
flugs. Es war neunzehnhundert und zweiundzwanzig.
Und wir flogen auf der Vampyr. Hackmack lag im Roten
Moor, abgeschmiert, verletzt. Thomsen lag auf der
Westhangstufe, abgeschmiert, verletzt. Tracinsky lag bei
Abtsroda, abmontiert, verletzt. Standfuß lag im Tal,
abmontiert, tot. Wir waren alle begeisterte Flieger

I would prefer not to: Ich möchte lieber nicht, sagte Bartleby. Ich sage oft zu mir: Not for all the tea of China! Der Zirkus-Clown, lese ich, arbeitet mit echten Tieren. Ich arbeite mit echter Tinte. Aber ich möchte lieber nicht – Not for all the tea of China

Mein Fluglehrer war Paul Horn, der später ein bekannter Flötist wurde. Meine Freunde Harry Kotz und Larry Zaroff wurden später auch berühmt. Aber, weiß der Teufel, wofür

Als wir jung waren, gehörte es dazu, Charles Bukowski zu lesen, die Gedichte und *Notes of a Dirty Old Man*. Buk galt als leicht verständlicher Autor. Es hat Jahrzehnte gedauert, bis ich verstanden habe, was ein *Dirty Old Man* ist. Carl Weissner hatte es als *Außenseiter* übersetzt. Man muss es wörtlicher nehmen

Jeden Tag schneide ich Brot auf, mit einem alten Brotmesser, das ich schon als Student besaß, mitgegeben von meiner Mutter aus dem Haushalt der Familie für meine Studentenbude. Toll, dass es immer noch schneidet. Eben schnitt ich wieder zwei Scheiben Brot; meistens denke ich mir nichts dabei. Aber von Zeit zu Zeit fällt mir ein, dass Frank mich am 1. Oktober 1983 damit abschlachten wollte. Er ließ es dann aber bleiben und schleuderte das Messer mit einem Schrei an die Wand. Die hat da heute noch eine Delle in der Raufaser-Tapete. Der geliebte Frank eignete sich nicht als Mörder, nicht mal im Affekt. Ich kann mich nicht daran erinnern, was ich ihm angetan hatte, um so auszurasten. Also: Das Messer hat Geschichte. Aber wo ist Frank?

Herr Lammel hatte eine spezielle Art Hodenkrebs. Sein Hodensack war gigantisch groß. Aber er ließ sich das Tennisspielen nicht vermiesen. Sogar in kurzen engen weißen Hosen, wie früher, spielte er. Es quoll unten raus. Wenn er, vom Spiel erhitzt, zurück zum Clubhaus kam, sangen wir Jungs, besoffen von Fassbrause, vielstimmig: »Bimmel Bammel, Bimmel Bammel, mit dem Lümmel kommt der Lammel.« Herr Lammel strahlte über diesen Empfang, er rief: »Noch eine Runde Sportmolle für den Nachwuchs!« Er liebte junge Jungs. Es war im Sommer 1955. Weihnachten erlebte er nicht mehr

Deine Sprache ist deine Heimat. Und deine Erinnerung ist es. Mit dem Alter bekommst du Wortfindungsschwierigkeiten. Und die Erinnerung schmilzt wie die Seife beim Händewaschen. Bedeutet das, dass du aus deiner Heimat vertrieben wirst mit der Zeit? Ja, das bedeutet es

Der Dichter H. E.: Auf der Buchmesse machte ich mich mit dem Dichter bekannt; wir hatten vorher schon einige Briefe gewechselt. Es war am Stand des Suhrkamp Verlags, ca. 1979. Bei der Verabschiedung wollte er mir sein neues Buch schenken, aber es gab keine Exemplare mehr, alles war schon verschenkt oder geklaut worden. Da gab er mir einen 20-Mark-Schein, davon sollte ich mir im Buchladen eins kaufen

Camus vivant: In der Schule hatten wir die Wahl: Wir konnten *Die Pest* lesen oder *Der Fremde*. Ich las zuerst *Der Fremde* und als zweites *Die Pest*. Ich war schon früh ein begieriger Leser. Die Reihenfolge entsprach meiner Neigung. Ich war immer ein Fremder und bin es noch heute. Und als Fremder begegne ich jetzt der Pest. Leider habe ich die Geschichte vergessen, die Handlung. Nur den Namen der Hauptfigur erinnere ich noch: Rieux, Doktor Bernard Rieux. Für mich ist es das erste Mal

»Hier können Familien ungestört einkaufen!« Das heißt, die Goofen dürfen toben und brüllen. Hauptsache, die Kasse füllt sich

Das Stück mit dem armen kleinen Wurm geht so: »Armer kleiner Wurm«, spricht das Mädchen den imaginären Wurm auf ihrer Handfläche an, »möchtest du den lieben Gott sehen?« Der kleine Wurm sagt: »Ja!« Dann zerquetscht sie den Wurm in ihrer Hand und grinst

Auf der Straße: Die Leute sprechen alle unnatürlich laut. Wie selbstverständlich ignorieren sie jede Diskretion und jede Höflichkeit. Als schrien sie sich im dunkelsten Wald Mut zu, plärren und zetern sie stets weit über Zimmerlautstärke

Unsere Kultur, also die Jugendkultur, ist erkenntnisimmun. Alle Körper sind knackig und alle Gesichter sind die von Kindern

Gedichte sind das Medium kreativer Amateure, die weder zeichnen noch malen noch komponieren noch singen noch tanzen können – jener, die bloß die Wörter haben, wie alle. Und die ihren Ehrgeiz daran setzen, sie in eine eigene Sprache zu verwandeln, sich darin auszudrücken und zu spiegeln. Wer Gedichte schreibt, ohne Dichter zu sein, ist ein Narziss. Der Dichter schafft Objekte

Hat es einen Sinn, Dinge auf den Punkt zu bringen, oder ist das ein Schmalspurverfahren? Da ich zwanzig Jahre Jurist war, könntest du mich zum Beispiel fragen, was der Kern meines Tuns war? Und wenn ich darauf einginge, antwortete ich: Das Kausalitätsprinzip! Und nun? Warum keine längeren Erklärungen? Der Punkt ist eben erreicht

Jedes Menschenleben ist nur ein Versuch – es bleibt Fragment, egal wie alt der Mensch wird. Schriftsteller, selbst solche mit einem gigantischen Werk, wollen, wenn es ans Sterben geht, unbedingt noch ihr letztes Buch abschließen, es soll nicht unfertig bleiben. Dabei bleibt doch ihr ganzes Werk unfertig – ja sogar das ganze Leben

Im Dolomiti: Mutter und Kleinkind haben auf der Terrasse des Eiscafés Platz genommen. Der Kleine geht in die Eisdiele rein, um eine Kugel Erdbeereis zu kaufen. Erdbeereis ist aber ausgegangen. Der Eismann fragt, ob es etwas anderes sein darf? Schweigen. »Himbeer vielleicht oder Kirsch?«, fragt der Eismann. Der Kleine nimmt Himbeer und gibt sein Geldstück. Zurück bei der Mutter:
»Und, hast Du Dein Erdbeereis bekommen?«
»Nö, es gibt nur Himbeer.«
»Und, wolltest Du das?«
»Nö, ich wollte Erdbeer.«
Mutter: »Komm, wir gehen noch mal rein, so geht das nicht.«
»Hören Sie mal, mein Sohn wollte kein Himbeereis, es geht nicht, dass Sie ihm einfach was anderes andrehen, wenn Sie Erdbeer nicht haben!«
Zum Sohn: »Du darfst Dir nicht alles gefallen lassen!«
Der Eismann: »Ist doch kein Problem – was will er denn dann?«
Mutter: »Los, jetzt sag, was Du willst!«
Sohn: »Ich weiß nicht.«
Mutter: »*Ich weiß nicht* gibt es nicht!«
Zum Eismann: »Geben Sie ihm Kirsch, eine Kugel.«
Der Eismann macht auf die Himbeerkugel noch eine Kirschkugel drauf.
Mutter: »Halt, mein Sohn will nur eine Kugel, zwei machen zu dick!« Der Eismann nimmt die Waffeltüte, wirft sie in den Abfalleimer und gibt dem Jungen eine neue Tüte mit einer Kugel Kirscheis.
Die Mutter zum Sohn: »Siehst Du, jetzt hast Du, was Du willst!«

Lieber Herr Schäfer: Sie sind neugierig, die »Vier Dinge, die ich über Gottfried Benn weiß« zu erfahren. Ich werde aber keinen Aufsatz darüber verfassen, wie ich es vor vielen Jahren vor hatte. Die Benn-Gesellschaft hatte mir auf meine Anfrage, ob das für ihr Jahrbuch in Betracht kommt, nicht geantwortet. Jetzt habe ich keine Lust mehr. Der Vorsitzende, Professor D., hörte ich, war starker Alkoholiker und hat vieles verschlampt. Für Sie mache ich aber eine Kurzfassung:

1. Benn hat im September 1952 in Knokke/Belgien einen Vortrag gehalten – in französischer Sprache. Seine französischen Sprachkenntnisse waren aber so schlecht, dass er zunächst überhaupt nicht fahren wollte, er fürchtete, sich im Gespräch mit Kollegen zu blamieren. Er schrieb seinen Vortrag auf Deutsch und ließ ihn übersetzen. Wer der Übersetzer war, ist bis heute nicht ermittelt. Es war der Vater meines Französischlehrers, bei dem ich Nachhilfe-Unterricht nahm: Dr. Paul Schwiderski (1895-1967), Berlin, Pariser Straße 20. Die beiden kannten sich als Nachbarn, weil Benn dort zwei Etagen tiefer eine Zweitwohnung hatte. Die Wissenschaft kennt in Berlin als Wohn- und Praxis-Adresse zwischen 1917 und 1935 nur die Belle-Alliance-Straße 12. Die Zweitwohnung diente Benn vor allem dazu, sich mit Freundinnen zu treffen, die er dort auch zeitweise wohnen ließ. Auch nutzte er diese Wohnung als Rückzugsort.

2. Im Februar 1929 hat sich Benns Freundin Lili Breda das Leben genommen. Es heißt allenthalben, sie stürzte sich aus dem Fenster der Wohnung einer Freundin, bei der sie Unterschlupf gefunden hatte. Das stimmt so aber nicht. Sie stürzte sich aus Benns Zweitwohnung in der

Pariser Straße 20, die allerdings gerade von einer anderen Freundin Benns bewohnt wurde.
3. Benn hat sich in den letzten Jahren seines Lebens häufig Morphium gespritzt. Ob er abhängiger Morphinist war, kann ich nicht sagen. Zumindest hat er M bei bestimmten Anlässen gespritzt (Rundfunk, Fernsehen, Vorträge, gesellschaftliche Anlässe.) In Benns Briefen finden sich mehrfach Stellen, in denen er von Drogengebrauch berichtet. (»Hier werde ich süchtig, nehme Polamidon … stopfe mich … mit Drogen voll.«) Der Kundige kann es auch mit einem Vergleich der überlieferten Tonaufnahmen nachweisen. Benn hatte eine abgehackte, schnarrende Stimme, militärisch. Auf einigen Aufnahmen dagegen säuselt er getragen und süßlich; wer je mit Junkies zu tun hatte, weiß, woher diese Veränderung der Stimme stammt. Von Bertolt Brecht gibt es ein kleines Gedicht über das »Anhören von Versen des todessüchtigen Benn« – es hätte auch heißen können: des *süchtigen* Benn.
4. Benn hat in seiner letzten Nacht im Oskar-Helene-Heim den Freitod gewählt – vermutlich unter Assistenz seiner Frau Ilse. Dafür gibt es ein Dutzend Indizien. Der Jurist sagt in solchen Fällen, jedes einzelne mag noch nicht den Beweis erbringen, alle zusammen, in der Gesamtschau, beweisen es aber. Am Tag, bevor Benn starb, hatten die Ärzte ihm noch eine restliche Lebenszeit von einem halben Jahr vorausgesagt, er war nicht akut moribund. Ausgerechnet für die Todesnacht hatte Benn um die Anwesenheit seiner Frau Ilse gebeten – einen erkennbaren Grund gab es nicht. Ilse war auch die ganze Nacht bei ihm – ohne einen Arzt um Notfall-

Hilfe zu rufen. Sie war selber Ärztin und konnte mit Spritzen umgehen. Dazu kommt, dass Benns letzte Ansichtskarte an seinen Freund Oelze, der sonst alles von Benn penibel aufbewahrte, von diesem vernichtet wurde. Mit dieser Karte hatte Benn seinen Freitod angekündigt. Oelze sagte später, die Mitteilung habe sinngemäß gelautet:»Seien Sie unbesorgt … jene Stunde wird keinen Schrecken haben.« Dem ist immer etwas Übersinnliches beigemessen worden. Nüchtern betrachtet heißt es:»Eine Überdosis Morphium ist nichts Schreckliches.« In einem anderen Brief heißt es:»… wenn ich … die Schmerzen nicht los werde, *haue ich ab*.« Ich habe aber auch eine eigene Erfahrung gemacht: Die Arztpraxen von Benn und meinem Vater lagen beide in Schöneberg, nicht weit voneinander entfernt. Beide kannten sich kollegial. Mein Vater hatte viele Besatzungssoldaten als Patienten, die sich Geschlechtskrankheiten eingefangen hatten. Damit konnten sie nicht zum Truppenarzt gehen, weil das den Vorwurf des Fraternisierens mit dem Feind nach sich gezogen hätte. Damit war gut Geld zu verdienen (Schwarzgeld in Dollars und Naturalien.) Schwere Fälle von Syphilis überwies der Vater an den Facharzt Benn. 1965 habe ich mir beim Schlittschuhlaufen auf dem Hertha-See im Grunewald den linken Arm gebrochen (kompliziert.) Mein Vater kannte den Professor Witt, Chefarzt des Oskar-Helene-Heims, wo Benn knapp 10 Jahre zuvor gestorben war. Mein Vater wollte, dass Witt als besondere Kapazität den Bruch richtet und ist mit mir mittags dorthin gefahren. Kurze Zeit vor meinem Unfall hatte mir mein Vater das Geld für die vierbändige Wellershoff-Ausgabe der Bennschen Werke gegeben. Der

Witt war ein netter Mann. Während seine Assistenz-Ärzte meinen Gips anbrachten oder erneuerten oder abschnitten, unterhielt sich mein Vater mit Witt. Dabei kam auch meine Benn-Begeisterung zur Sprache, und das war Anlass, über Benn zu sprechen. Witt sagte, er habe eine Leichenschau verhindern können, obwohl Frau Benn hinterher noch so blöde gequatscht hätte. Als die Frage Autopsie JA oder NEIN zur Debatte stand, habe sie sinngemäß gesagt: Autopsie sei doch Quatsch – »wo vorher nichts war, kann ja auch hinterher nichts sein!« – Die Anwesenden hätten sich befremdet ange-schaut, aber für eine Autopsie habe sich niemand stark gemacht. Mein Bruch ist gut verheilt – obwohl mein Vater den Gips, der bis zur Schulter reichte, zuhause bis zum Ellenbogen abgeschnitten hat, so dass er mich im Alltag kaum behinderte

Oscar Wilde: »Die Tragödie des Alters ist, dass man jung bleibt.« Er hätte Recht, wenn er es nicht verallgemeinert hätte. »Das Alter ist eine Tragödie für Menschen, die jung bleiben«

Lieber Herr Schäfer! Als ich gestern das Manuskript meiner *Hot Pants* nach alten Notizen vervollständigt habe, habe ich mich nicht getraut, eine alte Aufzeichnung von 1989 aufzunehmen, weil ich nicht sicher bin, ob sie wirklich von mir stammt oder ein Exzerpt ist, wo ich die Quelle nicht notiert habe. Nachher beschuldigt mich später jemand des Plagiats. Dabei stelle ich beim Lesen der alten Notizen immer wieder fest, was wir ja wissen, dass man beim Schreiben oft über sich hinauswächst und das Ergebnis später bestaunt wie etwas Fremdes. Lieber Herr Salomon, vielen Dank für Ihre Aufzeichnung. Was Sie da geschrieben haben, geistert so ähnlich durch die Medien, aber nur unter neuen Datierungen. Sie dürften 1989 einen frühen Beleg geschrieben oder gefunden haben. Ich habe mich schon lange vom »Eigentumsrecht« verabschiedet; die meisten meiner Gedichte und Aufzeichnungen enthalten Fremdtexte. Dieses Verfahren wurde vor dem Originalitätsdenken des 18. Jahrhunderts praktiziert. Den ersten Absatz von »Simplicissimus Teutsch« hatte ich für die Studenten mit farbigen Unterstreichungen markiert, um die Quellen kenntlich zu machen. Haben Sie, was Plagiate betrifft, keine Skrupel. Die Zeit ist anders geworden. In den »Unfrisierten Gedanken« von Lec gibt es einen hübschen Aphorismus: »Plagiat? Früher gab es dieses Problem nicht. Man entlieh rechts und links, gab es dann allerdings wieder zurück: als Literatur.« Man klaut also nicht nur eigennützig, sondern schafft einen Mehrwert

Lieber Herr Schäfer! Auf dem Google-Foto mit dem
Hund auf den Armen sieht Leonid Zypkin fast so aus wie
Wilhelm Genazino. April 1977 las ich *Abschaffel* und
seitdem JEDES Genazino-Buch, auch Aufsätze und
Abseitiges in kleinen Verlagen. Er ist einer der handvoll
Autoren, die mich fast das ganze Leben pünktlich
gefüttert haben. Kürzlich las ich seinen letzten Roman
als dtv-TB – und nun ist Schluss – ein langjähriger
Lebensbegleiter fehlt. Einmal bin ich an ihm vorbei
gegangen, 1979 auf der Buchmesse auf einer Rowohlt-
Fete im Senkenberg-Museum. Er stand alleine an einem
Türrahmen mit Glas in der Hand. Ich ging durch die
weit geöffnete Flügeltür hindurch in einen anderen
Raum - und im Vorbeigehen nickten wir uns grüßend zu
(ich wusste, wer er war – er konnte mich nicht kennen).
Jenseits der Tür wurde ich von Hans-Jürgen Heise mit
Beschlag belegt, W. H. Fritz kam hinzu – beide Vertreter
einer Lyrik, die nicht so meine Sache war; als ich mich
später nach Genazino umdrehte, war er weg. Es gibt nur
ganz wenige Autoren, die mir so treue Wegbegleiter
waren. Ich glaube von Ernst Wichert gibt es ein Buch,
das »Die Wegbegleiter« heißt oder so ähnlich. Das fiel
mir eben ein – ich wünsche eine gute Nacht. Lieber
Herr Salomon, solche Beschreibungen »im Vorbeige-
hen« sind Ihre Stärke. Gute Nacht! Ihr Schäfer

»Wenn Du nicht brav bist, kommst Du in die Hölle« –
hieß es als wir Kinder waren. Wir Ungläubigen haben
seither nichts mehr mit ihr zu tun gehabt. Nur die
Gläubigen müssen sie weiter fürchten. Ich kenne einige,
aber keiner stellt sich die ewige Hölle schlimmer vor, als
Auschwitz es war. Aber: Ist das ein Trost?

»Wie dumm man ist«, sagte meine Mutter, wenn sie etwas
falsch gemacht oder etwas Falsches gesagt hatte. Manch-
mal konnte ich ihr helfen, indem ich es ihr erklärte.
Dann sagte sie ärgerlich:»Du musst auch immer so klug
daherreden«

Heute hörte ich im Stadtgarten am Kinderspielplatz dieses
Schimpfwort:»Du jüdische Pissameise, Du!« Wer hatte
gesprochen? Wem galt es? Normalerweise erfreue ich
mich an originellen Fundstücken aus dem Alltag – aber
das hier ist ja wirklich zu komisch

Vieles ist Arbeit, auch was wir als Vergnügen oder Zer-
streuung empfinden. Nur an meinem Humor, da arbeite
ich nie dran

Ilana Shmueli beschreibt das Foto eines sehr kleinen Kindes, es scheint zu schlafen. Der letzte Satz der Bildbeschreibung lautet:»Das Kind war ich.« Es stört mich, dass sie den Satz in der Vergangenheitsform sagt. Müsste es nicht heißen:»Das Kind bin ich«?

Einige Jahre war ich Rechtsanwalt und habe einiges mitbekommen, was in der Gesellschaft so abgeht. Es hat mich nicht verbittert gemacht – ich halte es mit Gottfried Benn:»Erkenne die Lage!« Das macht die Welt nicht besser, aber es schützt mich vorm Krankwerden

Auf der Balkonbrüstung landen Spatzen, hüpfen etwas hin und her – und sehen mich an. Ich lese, trinke und mache Notizen. Wenn ich zu ihnen spreche, legen sie den Kopf schief – wie ein Mensch, der intensiv zuhört. Bald fliegen sie wieder weg. Werde ich noch einmal eine richtige Kommunikation mit einem Tier erleben?

Fundstück: »Nichts auf der Welt gleicht dem Geräusch einer deutschen Pistole, die durchgeladen wird.« Dazu fällt mir nichts ein. Vielleicht stimmt es sogar

Ich erwarte nicht, dass ich ständig angehimmelt werde, aber dass die Zeit mich völlig unsichtbar gemacht hat, damit hatte ich nicht gerechnet. Ich bin einmal hübsch gewesen, und an Supermarktkassen, Haltestellen, in Wartezimmern usw. ruhten immer zugewandte Blicke auf mir, in denen sich oft ein freundliches Lächeln abzeichnete

Schriftstellerverband: Wer will schon dichten, um damit Geld zu verdienen? Der Dichter braucht Geld, um ungestört arbeiten zu können. Besser, als Tarifverträge abschließen, sollte sich der Verband um Mäzene bemühen

Eine Schauspielschülerin erzählte mir: »Ich kann echte Tränen weinen; das ist ganz selten, dass das jemand kann.« Über Nebenrollen in daily soaps kam sie nicht hinaus

Tagebucheintrag Mozarts vom 13.7.1770: »Gar nichts erlebt. Auch schön«

Es gibt nur wenige Menschen, die glauben, dass die Welt ihnen gar nichts schuldet; auch die Menschen nicht. Mit einem von ihnen war ich lange befreundet: Andreas

In jedem Museum suche ich nach dem Gemälde, das ich gerne klauen würde

Gang des Schützen: Auffällig an Wladimir Putin ist, dass sein rechter Arm beim Laufen nicht locker mitpendelt, sondern steif am Körper anliegt. Liegt hier eine neurologische Störung vor? Nein, es deutet auf seine Ausbildung beim sowjetischen Geheimdienst KGB hin. Agenten müssen auch beim Laufen ihren Arm dicht am Körper halten, damit sie gegebenenfalls schnell ihre Waffe ziehen können. Diese Gangart nennen die Geheimdienstleute »Gang des Schützen«. Putin macht das vorbildlich

Der Paketmann: Der Nagel seines linken kleinen Fingers ist drei Zentimeter lang – was mag das bedeuten? Einer meiner Liebhaber hatte drei tätowierte Punkte im Dreieck zwischen Daumen und Zeigefinger der rechten Hand. Das sah aus wie die Aufsicht auf einen Würfel. Später erfuhr ich, dass das »Knasttränen« sind – ein Zeichen für andere, die auch schon einmal gesessen haben. Das Zusammensein mit ihm war toll. Straftaten zu meinem Nachteil sind nicht passiert, aber umgekehrt

Ich lese bei D. K.: »Als Kind hat man nur für die Hässlichkeit ein ausgeprägtes Gefühl, nicht für die Schönheit.« So eine dumme Verallgemeinerung! Ich hatte als Kind eine ganz besondere Empfänglichkeit für hübsche Jungen. Alle meine Freunde waren ausnehmend schön (wie die alten Fotos beweisen.) Und ich war es auch – ein Bewusstsein, das mich oft stärkte, wenn mich die Eltern hässlich behandelt hatten

Mutter sein ist etwas Unbegreifliches. Was, mein Junge hat jemanden umgebracht? Aber er war immer so ein liebes Kind und hat mir jedes Jahr zum Muttertag die ersten Maiglöckchen geschenkt

Schreiben fällt mir außerordentlich schwer. Man muss sich erinnern – und genau das ist das Schreckliche. Unterbewusst versucht man das, was passiert ist, zu vergessen. Schreiben bedeutet, diesen Widerstand unentwegt zu überlisten

Auch in der Großstadt leben eine Menge Tiere, und viele sieht man auch. Aber man sieht sie nie sterben – und man sieht keine Kadaver. Wie machen die Tiere das? Vielleicht könnte ich mit den Vögeln leichter ins Gespräch kommen, wenn sie mich an ihrem Sterben teilhaben ließen

Wer hat uns Covid-19 gebracht? Die Globalisierung steht in der Kritik. Alexander der Große, berühmt für seine Schlachten und Siege, brachte uns den Apfelbaum aus Indien. Wer möchte leben ohne Apfelbäume und Äpfel?

Aphorismen – ich finde, sie haben etwas Homöopathisches, sie wirken nicht wirklich

Als er noch mit seiner ersten Frau verheiratet und mit mir befreundet war, erzählte mir der bekannte Literaturhistoriker, dass es bei ihnen zu Hause üblich sei, beim Scheißen im Badezimmer die Türe offen zu lassen. Er fand diese Art der ehelichen Vertrautheit inzwischen eklig und wollte von mir Rat haben. Bald war er geschieden. Als er das erste Mal bei mir zu Besuch war, fragte er gleich nach dem Bad und verschwand für längere Zeit. Die Tür war geschlossen, aber beim Verlassen des Bades wehte ein Schwall Scheiße-Geruch hinter ihm her. Er hatte offenbar eine schlechte und schlecht zu kontrollierende Verdauung. Es war der Beginn des Zerbröckelns unserer Freundschaft

Ich bin nicht zufrieden mit meinem Leben – aber ich bin glücklich

Vogelschnee – das ist der letzte Schnee im März. Nach ihm kommen die Sonne, die Wärme, der Frühling, die Vögel. Das Wort ist nicht mehr bekannt. Die Wärme kommt jetzt viel früher. Und Vögel gibt es immer weniger – und die, die noch leben, bleiben auch über den Winter, der keiner mehr ist

Literatur ist etwas für reiche Leute. Wer die Literatur liebt und genug Geld hat, wird entweder Verleger oder Autor; ein potenter Mäzen tut es natürlich auch. Zeilenhonorar und Schriftsteller-Gewerkschaft sind etwas für arme Leute, die ihre Neigung nicht richtig ausleben können

Erfolg haben nur wenige. Und nicht auf jeden hat er eine gute Wirkung. Mit dem Erfolg ist eine große Hoffnung verloren gegangen. Da kann man schon mal die Fassung verlieren auf der After-Party und den Juroren ins Sektglas pinkeln

Einige Jahre vor ihrem Tod bat mich der Feuilleton-Redakteur des »Südkurier«, den Nachruf auf Ingeborg Sulkowsky zu schreiben. Da ich die Dichterin gut kannte und es mir leicht von der Hand ging, lieferte ich den Text rasch ab. Als nach sechs Wochen immer noch kein Honorar da war, erinnerte ich. Darauf informierte mich die Honorarabteilung, dass natürlich erst nach Erscheinen des Artikels bezahlt werde, wie es immer sei. »Soll ich nun auf Ingeborg Sulkowskys Tod warten?«, fragte ich. »Nein, vergessen Sie es einfach und lassen Sie sich dann überraschen.« Und so kam es dann auch – nach einigen Jahren des Vergessens war es so weit

Tagtraum (beim Lesen auf der Terrasse): Ich bin erblindet und in einem Heim für alte Blinde untergebracht. Ich möchte aus dem Leben scheiden und wende mich an den sozialen Dienst des Hauses. Tatsächlich ist die Sozialarbeiterin bereit, für mich den Briefverkehr mit Exit und Dignitas in der Schweiz zu führen. Sie begleitet mich auch zu einem Vorstellungsgespräch und ärztlicher Begutachtung in Zürich. Zum eigentlichen Exit-Termin holt mich ein Mitarbeiter von dort ab. Da ich das Sterbezimmer nicht sehen kann, erklärt mir der Herr, wie es aussieht und wo das Bett steht, auf das ich mich legen soll. Meine letzten Worte sind: » Glücklicherweise kann ich das alles nicht sehen« – dann wache ich auf

Ich habe einige Literatur-Stipendien erhalten – aber nur einen Literaturpreis. Einer der Gründe war, dass mich die Jurys für zu reich hielten, finanziell – andere Dichter hatten das mit der Auszeichnung verbundene Geld nötiger als ich. Ich sah in den Literaturpreisen die Wertschätzung; andere, die sie bekamen, das Geld. Und dann bekam ich eines Tages doch noch den Preis, den ich mir lange erhofft hatte. Ein befreundeter Kollege, der für seinen Geiz, Neid und seine Missgunst bekannt ist, schrieb:»Du mit Deinem Bodensee-Nobelpreis!« Ja, genau so empfinde ich ihn, mehr nobel braucht es nicht

Immer wieder erscheinen Bücher über unbekannte Autoren, die schon lange tot sind (oder mit Texten von ihnen.) Im Werbetext heißt es stets, der Autor sei vergessen – was ja offenkundig gelogen ist. Vergessen sind die toten Dichter, von denen nie wieder eine Zeile gedruckt und von denen nie wieder gesprochen wird. Es gibt sogar vergessene Dichter, von denen erscheinen alle paar Jahrzehnte Neuausgaben und hymnische Rezensionen in den großen Zeitungen

Wenn Schriftsteller Albträume schildern, dann wachen sie oder der Protagonist am Ende *schweißüberströmt* auf. Eine wiederkehrende Floskel. Dass Schweiß als Strom aus dem Körper herausfließt, kommt im Leben kaum vor – und im Bett wird höchstens der Schlafanzug durchgeschwitzt oder das Bettzeug. Einmal sah ich in einer psychosomatischen Klinik einen Patienten, dem der Schweiß in mehreren Rinnsalen aus dem Kopfhaar über das Gesicht und in den Nacken floss; am Kinn flossen die Rinnsale zusammen und flossen als größeres Rinnsal auf den Fußboden. Der Patient träumte aber nicht, sondern lief den langen Flur lang, wo er eine Feuchtigkeitsspur hinterließ. Er wurde mit einem speziellen Antidepressivum behandelt, einem Serotonin-Wiederaufnahmehemmer (SSRI), deshalb war er *schweißüberströmt*

Von Sammlern Bilder zu kaufen funktioniert besser als von den Erben des Künstlers. Der Sammler trennt sich von Sachen, die nicht zum Kernbestand der Sammlung gehören, wenn er dafür einen Liebhaberpreis erzielen kann. Den zahlt der andere Sammler gerne, wenn das Objekt seine eigene Sammlung bereichert. Aber dem ersten Sammler sind auch Sachen zugewachsen, die überhaupt nicht zu seinen Sammlungsthemen passen, die er sogar grauslich findet und gerne hergibt, fast geschenkt, Hauptsache, er ist sie los. Das ist die Stunde des zweiten Sammlers, der hier Sachen erster Güte abstauben kann, wie das im regulären Kunsthandel nie möglich wäre. Von Erben kaufen ist fast nicht möglich – sie haben in jedem Fall völlig überzogene Preisvorstellungen, so dass der Sammler, der sogar bereit wäre, einen deftigen Liebhaberpreis zu zahlen, verärgert das Weite sucht

Eben sah ich zwei junge Männer händchenhaltend auf der Straße vor meinem Fenster vorbeigehen. Und: Sie hatten beide karierte Röckchen an, also sozusagen mit Schottenmuster. Vielleicht sind sie ja halbe Transvestiten, CDs sozusagen, cross-dresser. Da fiel mir wieder ein, dass es empörend ist, dass der Rock nicht auch zur Männer-Kleidung gehört, wie Jeans zum Beispiel. Ich würde gerne öfter mal im Rock gehen, aber die Leute denken dann gleich, ich bin CD oder Schotte. Es geht aber um die Freiheit der Hoden

Wenn du einem Metzger begegnest, denke nicht, er will mit dir über Wurst philosophieren – so einfach liegen die Dinge heute nicht mehr. Pass auf, dass er dich nicht bei intellektuellen Trugschlüssen ertappt

Meine Wohnung liegt in der fünften Etage. Wenn ich mit dem Fahrstuhl fahre, sehe ich in der Kabine das Schild des Herstellers und das Datum 1972. Damals wurden Haus und Fahrstuhl gebaut – und ich war fünfundzwanzig Jahre alt; es war meine erste richtige Wohnung. Jetzt wohne ich fast fünfzig Jahre hier. Als ich einzog, dachte ich, hier ist es so schön, dass ich hier bis zum Sterben leben könnte. Das war nur so ein Gedanke, futuristisch sozusagen. Aber nun ist es bald so weit

2020: Immer wenn ich die aktuelle Jahreszahl schreibe, in einem Brief zum Beispiel, ärgere ich mich. Sie suggeriert, dass unsere Zeit noch nicht so lange währt. Das Jahr 1 ist nicht besonders viel länger her als das Jahr 1947, das Jahr meiner Geburt. Irgendwie ist so ein kleinkarierter Kalender eine Beleidigung für das Leben, von dem wir das momentan letzte Stück sind. Eine riesige Boa Constrictor ist mir auch lieber als eine Blindschleiche

Am Hagenberg (Sbw.): Heute fragte mich ein Jogger nach dem Weg, ohne die Sonnenbrille abzusetzen. Leider kenne ich mich hier nicht so gut aus, um ihn in die Irre zu schicken. Sagte bloß: »Keine Ahnung«

Lieber Ernst: Sehr lachen musste ich, dass Du Jochen Kelter in Deinem Aufsatz über die Konstanzer Uni 1967ff. als »prominenten Links-Intellektuellen« bezeichnest. Das klingt ja sehr nach Bataille, Lacan und Foucault. Mit einem Intellektuellen hat er ja nun wirklich nichts gemein. Er ist ein purer Romantiker mit Meinungen zu allem. Er kann gut beobachten, und er kann das Gesehene und Gehörte gut wiedergeben. Er kann zu Themen Stoff sammeln und diesen collagieren. Aber seine »Aufsätze« sind allesamt *Stimmungsbilder gewürzt mit Meinungen.* Verstandesmäßig ist das alles nicht tief durchdrungen. Logik, Deduktion, wirkliche Begründungen kommen bei ihm nicht vor, stattdessen einfache Behauptungen mit Beispielen. Das ist meine Meinung.

Kunst oder Kitsch? Dumme Frage! Beides kann gut sein

Wieso auswandern? Kapitalismus und Jugendkultur sind doch jetzt überall

BWLV-Flugschule Hornberg (1970): Bei tiefhängender
Wolkendecke musste morgens jemand mit der Piper
einen Testflug machen um zu prüfen, ob der Segelflug-
zeug-Schlepp mit der Seilwinde möglich war. Das ging
ab zweihundert Meter Wolkenuntergrenze. In eine graue
Wolke einzutauchen ist selbst für geübte Piloten ein
Problem, man weiß nicht mehr wo oben und unten ist
und kommt schnell in eine gefährliche Fluglage. Diese
Testflüge durften, anstelle der Fluglehrer oder Herrn
Dreher, die erfahrenen Piloten machen, die auf Gratis-
Fliegen scharf waren. Eines Tages gehörte ich auch
dazu. Segelfliegen durfte man ab vierzehn Jahren lernen,
Motorflug ab sechzehn – aber die Lizenzen bekam man
erst ab achtzehn. Herr Dreher sagte zu mir: » Petersen,
Sie können ab heute den Testflug machen – und wenn
Sie jemanden mitnehmen wollen, suchen Sie sich den
hübschesten aus.« Ich wählte den kleinen blonden
langhaarigen Werner Stahlecker, der strahlte, der
Erwählte zu sein. Herr Dreher hatte eine giftige Frau,
die das Büro machte und früh starb. Einmal vergaß ich
meinen Fotoapparat vor der Abreise im Hangar. Herr
Dreher schickte ihn mir nach Hause. Er hatte vorher
den Film vollgeknipst, alles hübsche Boys, Söhnchen
reicher Eltern, die hier in der Fliegerkaserne etwas
Schliff bekommen sollten

Der Tod ist eine schöne Sache – wenn man vom Sterben absieht

Warum maskiert sich die Justiz? fragt Karlheinz Deschner in einem Aphorismus. Er verwechselt die Institution mit der namensgebenden Person. Die Justiz ist eine Behörde. Den Namen hat sie von der Göttin der Gerechtigkeit, Justitia. Justitia ist nicht maskiert, sondern sie trägt eine Binde vor den Augen. Wer sich maskiert, will nicht erkannt, nicht gesehen werden. Hier ist es umgekehrt: Justitia selbst will nichts sehen, denn sie will ohne Ansehen der Person Recht sprechen. Sie selbst wird auf den ersten Blick erkannt, denn sie ist ja unmaskiert

Geschlechtsverkehr ist ein gewisser Ersatz für die Selbstbefriedigung. Aber man braucht noch mehr Phantasie

Godot: Es gibt keinen Ausweg. Es gibt nur die Wiederholung. Das Warten endet nicht. Aber in Wirklichkeit endet es doch!

Infodemie: Unser Fernsehabend – ganz im Zeichen der Krise – bleiben sie dran

Einmal schrieb ich ein Notat gegen das Prinzip ständigen Wachstums im Kapitalismus, indem ich es mit mir verglichen habe: Ich hätte doch auch irgendwann aufgehört zu wachsen und sei jetzt nicht zwanzig Meter hoch. Jetzt fällt mir ein, dass die Menschen in den letzten hundert Jahren auch viel größer und voluminöser geworden sind, als es die Leute um neunzehnhundert waren. Ich habe mich geirrt – im Kapitalismus wachsen auch die Menschen. Die Dinosaurier haben auch mal klein angefangen

Vor dem Zubettgehen, wenn ich nachts noch etwas durch die Wohnung streife, vorbei an den Bücherregalen und an den Wänden die Bilder passieren lasse, finde ich immer wieder eins, von dem ich mir vorstelle, dass ich im Altersheim dem Tode nah im Bett liege, und mein Blick ruht auf diesem Gemälde, vielleicht das letzte, das mich glücklich macht. Maler, die ich kenne, sind Handwerker. Sie machen sich keine Gedanken darüber, wie tief und intim ihre Hervorbringungen einmal sein können – wenn sie nicht im Museum landen sondern in einem Sterbezimmer hängen

»*Der Dichter* soll sich nicht zeigen« – soll Josef Conrad
gesagt haben – lese ich bei Hans Bender. Soll er sich
nicht bei Dichter-Lesungen präsentieren oder – heute –
gar in Talk-Shows? Oder soll er nicht in seinem Werk
durchscheinen? Als Dichter der Subjektivistischen
Sachlichkeit hätte er mich vermutlich auf dem Kieker
gehabt

Die kleinen hübschen Marienkäfer – sie haben kein gutes
Leben. An den unschönsten Stellen krabbeln sie langsam
und wie verkühlt (an der feuchten Terrassenmauer, innen
am nackten kalten Fenster.) Was fressen sie denn? Wieso
finde ich sie nicht im Grün des Gartens? Bald liegen sie
tot auf dem Fußboden, die Glücksbringer

Ich habe kein Problem damit, mich unter meinem Niveau
zu amüsieren. Aber TV-Krimis amüsieren mich nicht.
Trotzdem kommt es vor, dass ich reinzappe und ein paar
Minuten schaue. Die besonders blasse und blonde
Kommissarin hat eine besonders dunkelhäutige schwarz-
afrikanische Assistentin, die aufgemacht ist wie ein
amerikanischer Pornostar. Diese »Rasse« (der Begriff
soll ja aus dem Grundgesetz gestrichen werden) kenne
ich von Fotos der Leni Riefenstahl. Ich mag es nicht,
wenn Filme, die das Gegenteil von rassistisch sein
wollen, genau das sind. Es ist immerhin öffentlich-recht-
liches Fernsehen; sie wollen die Migrationsproblematik
einbinden – o.k. – aber bitte nicht so krass rassistisch

»*Ich trage* seit zwei Tagen dieselbe Unterwäsche – und ich hoffe, dass Sie das zu schätzen wissen!?« schreit die Frau der Interviewerin ins Mikrofon. War das eine Frage? Wenn man so überarbeitet und so erregt ist, ist es toll, sprachlich noch so auf zack zu sein. Und inhaltlich eine Offenbarung. Max Goldt hat darüber geschrieben, wie oft man sich duschen und die Leibwäsche wechseln sollte

1971: Bundeskanzler Willy Brandt hat den Friedensnobelpreis bekommen – das weiß jeder. Aber dass das nur fünfundzwanzig Jahre nach dem Ende der Nazi-Zeit war, das ist kaum jemandem bewusst. Wenn Du mal wieder gefragt wirst: »Glaubst Du an Wunder?« – dann denke daran

Meine Freunde der Kinderzeit sind fast alle durch Mord oder durch Selbstmord geendet. Ich sage nicht gerne »Freitod«, denn dass diese Art, das Leben zu beenden, wirklich frei ist, scheint mir fragwürdig. Und »Suizid«? – wieso Fremdsprache, wenn es ein deutsches Wort gibt? Für mich war es jeweils Mord – auch an meiner höchstpersönlichen Vergangenheit. Es gibt kaum noch Zeitzeugen für mich als Kind

Ich vermisse Nazibilder! Ist das unbedacht gesagt oder provokativ? Einmal sah ich in einem Konstanzer Antiquitätengeschäft ein kleines Ölgemälde, das eine städtische Häuserzeile zeigte, und an einem Haus hing eine Hakenkreuzfahne – blutrot mit weißem Kreis und darin das Kreuz. Der Maler war nicht zu ermitteln, das namenlose Bild sollte 160 Euro kosten. Als ich am nächsten Tag wiederkam, war es schon verkauft. Ich erinnere mich an das Bild einer berühmten Malerin, ich meine, es war Gabriele Münter; es zeigt eine Kleinstadtstraße 1934, vielleicht in Murnau. Im Zentrum des Bildes findet eine Prozession statt. An den Häusern rechts und links hängen mehrere lange Fahnen, die Hakenkreuzfahnen gewesen sein könnten; aber der Kreis, wo das Kreuz drin sein müsste, ist nur weiß – wahrscheinlich nachträglich übermalt. Ich meine, man sieht sogar noch, dass unter den weißen Kreisen etwas Schwarzes ist, das noch ganz schwach durchscheint. Von dem Maler Walter Rohland gibt es eine Ansicht der Konstanzer Rheinbrücke bei der Einweihung 1937, neusachlich gemalt. Auf der Brücke stockt der Verkehr, eine riesige Menschenmenge steht eng zusammengepresst. Die Brücke ist rechts und links mit roten Hakenkreuzfahnen gesäumt, etwa 30 Stück; hieran ist nichts nachträglich geändert worden. Ein eindrucksvolles, beängstigendes Bild. Erich Heckel hat nach dem Krieg die Brücke von der gleichen Position aus gemalt, ein Friedensbild, sehr gefällig. Wo sind die ganzen Gemälde abgeblieben, die Einblick in den Alltag der Nazizeit geben würden? Offenbar wagen die Besitzer und die Auktionshäuser nicht, damit zu handeln. Und in den Kunstmuseen werden einige in den Depots stecken

Wenn bestimmte Beschwerden mich zum Arzt treiben, hoffe ich immer, dass er sagt: »Sie sind nicht krank, Sie sind bloß alt«

Abschiednehmen kann man lernen. Und der sogenannte »letzte Abschied«, der näher rückt und der schwerste sein soll, ist gar keiner – sondern ein Tötungsdelikt

Jugend ist das einzige, was zeitlos ist

Reich sein ist nicht übel – es kommt gleich nach Gott

Wie lange kann man einen Menschen lieben? Es geht länger, wenn eine ordentliche Perversion im Spiel ist

Das Gegenteil von Kunst ist Jugend; eine Ausnahme war
Georg Heym

Jeder wird jung geboren – aber jung ist man nur zwischen
fünfzehn und dreißig

Das, was der Mensch besitzt, macht mehr aus ihm. Für
die Armen nicht unbedingt ein Ansporn – es sei denn,
sie haben genug Phantasie für Revolution

Schönheit und Jugend beruhen auf der gleichen Lüge

In allen Fernsehfilmen wird gestritten. In Wirklichkeit
gibt es nicht so viele Verrückte. Aber doch viele, die sich
diesen Irrsinn ansehen

Als Gegenteil des Spießers gilt der Dandy. Ich würde sagen, es ist der asoziale Verbrecher

Durch und durch verdorbene Menschen – ich habe welche gekannt. Ich muss sagen, das hat was!

Ich kenne nur Menschen, die Bücher geschrieben haben. Ich kann mir gar nicht vorstellen, wie Menschen sind, die kein Buch geschrieben haben. Ein Leben ohne Buch, wie mag das sein?

Rilke: Du musst dein Leben ändern! Sein Gedicht, das mit diesem Befehl oder Rat endet, lernte ich schon als Gymnasiast kennen. Und ein paar Mal, in Krisenzeiten, erinnerte ich mich daran und folgte dem Rat. Die Dinge entwickelten sich zum Guten. Dieses Gedicht ist das einzige Stück Literatur, das Auswirkungen auf das reale Leben haben kann. Das liegt an seiner Abstraktheit

Heute noch einmal jung sein – das kann ich mir nicht
vorstellen. Jugend ist immer an eine spezielle Jugendzeit
gebunden. Wäre ich heute noch einmal jung, käme ich
den heutigen Jungen vermutlich ziemlich gestrig vor

Liebe hat nur Bedeutung, wenn sie einem Verwundeten
zu Teil wird. Dem Gesunden genügt Sex

Wenn ich die erschöpfte Kanzlerin Angela Merkel im
Fernsehen reden höre, denke ich, die nimmt ganz
bestimmt keine Aufputschmittel oder andere Psycho-
pharmaka (im Gegensatz zu anderen Politikern.) Auch
wenn sie total übermüdet ist, ist sie konzentriert, hat
eine angenehme Stimme und wirkt hübsch. Einmal
hatten wir eine Audienz bei ihr im Kanzleramt. Am
Vorabend im Hotel sah ich im Fernsehen, dass sie in
China weilt. Deshalb ging ich als sicher davon aus, dass
der Chef des Kanzleramtes oder ein Staatssekretär sie
vertreten würde. Aber sie war noch pünktlich zurück
und hatte noch denselben zerknitterten Hosen-Anzug an
wie in China. Sie hielt eine kurze, zugewandte Rede und
ließ sich dann geduldig mit einigen Schriftstellern
fotografieren. Auch die Ministerpräsidenten Bernhard
Vogel (Erfurt) und Henning Scherf (Bremen) waren
angenehme Gastgeber, die pünktlich waren und gerne
etwas länger blieben als nötig war

Arme Leute lassen sich leichter lieben

Wie schön wäre es, wenn die Dummen nicht reden könnten. Aber das Gegenteil ist der Fall. Je doofer desto mehr Geschwafel

Man kann über andere reden oder über sich selbst. Als früherer Rechtsanwalt habe ich die Schweigepflicht so verinnerlicht, dass mir nur das zweite übrigbleibt. Mit dem Vorwurf des Egomanen kann ich leben; man beurteilt mich auch milder wegen meiner Diskretion

Wenn arme Leute große sexuelle Erregung hervorrufen, strahlen sie hinterher wie über ein Geschenk

Ich habe nie erwartet, dass Schreiben auch Spaß machen soll. Die meisten Leute haben ja schon Probleme mit schlichten Postkarten aus den Ferien. Mir geht schreiben leicht von der Hand, und ich schreibe vergleichsweise viel (Briefe vor allem und E-Mails.) Aber Spaß macht es mir nicht, nein

Ich maile dem Rechtsanwalt und frage, ob er mir hilft. Zu meinem Problem gibt es eine Vorgeschichte, wo er mir auch schon geholfen hat. Er schreibt:»Ich habe die alte Akte gezogen und sehe, dass...« Offenbar *zieht* man als Anwalt Akten wie Cowboys Pistolen.»Ich habe die alte Akte rausgesucht« hätte ich geschrieben – aber ich kann mich ja alleine nicht verteidigen und brauche einen Scharfschützen

Im Gespräch mit halb Fremden fehlt es mir oft an freundlichen Plattitüden, und schon wendet sich der Unbekannte und seine Verheißung jemand anderem zu in der Nachbarschaft des Empfangs. Plattitüden sind wichtig

Die alten Leute sagen: »Noch einmal jung sein, das möchte ich nicht.« Das war bisher auch meine Ansicht. Noch einmal die Gefahren der Jugend bestehen? Kann man so viel Glück zwei Mal haben? Und dazu die Wahrscheinlichkeit, weniger erfolgreich zu sein, als ich es wurde. Aber dann – sozusagen von einer Minute auf die andere – kam der Umschwung: Ja, noch einmal von Anbeginn leben – auch auf die Gefahr schlimmer Krankheiten und Unfälle, des beruflichen Scheiterns und gesellschaftlicher Krisen, Kriege und Katastrophen. Das alles wäre besser als ein glückliches und erfolgreiches Leben gelebt und bald vollbracht zu haben

Erst im Alter fällt mir auf, was alles täglich verschwindet. Ich erinnere mich, dass es schon immer so war, doch damals schien es nicht so wichtig. Andererseits: Warum sollte etwas, das verschwindet, noch wichtig sein? Sagt man nicht: Weg ist weg! Ist nicht wichtig, was bleibt?

In letzter Zeit gab es wieder große dicke Kumuluswolken, die nicht so hoch am Himmel stehen. Eine wahnsinnige Sehnsucht packt mich und drückt mich nieder. Warum kann ich nicht mehr starten und im Flugzeug die Wolke umrunden und an den Rändern etwas in sie eintauchen? Meine Zeit als Pilot ist lange vorbei

Erinnerung und *Traum* – beide Begriffe fielen mir eben ein. Ich will aber keine Verbindung herstellen. Ich habe viele gute Erinnerungen, und Albträume habe ich fast nie. Warum sollte ich beides vermengen oder gegeneinander ausspielen? Aber doch gehört es irgendwie zusammen

Reisen bildet – aber zu Hause bleiben bildet auch. In beiden Fällen kommt es vor allem auf die Person an

Viele Jahre bestimmte Ideen vom Altsein – und plötzlich weißt du, die gute Zeit ist vorbei

Wenn ich befreundeten Kollegen mein neues Buch schicke, kommt oft eins der ihren zurück. In der Widmung heißt es: »...als Dank und Gegengabe...« Empfinde ich das als kränkend? Mir scheint, als solle die Widmung dem Nachbesitzer des Buches sagen, der Verfasser habe es mir nicht aus Freundschaft oder gar Verehrung geschenkt, sondern um der Form und der Höflichkeit zu genügen. Eine schöne Widmung ist das nicht

Vor vielen Jahren las ich in der Tageszeitung eine Todesanzeige, die ich nicht vergessen habe: »Harald Rupp (1909-1999) meldet sich ab« war der Text, dann folgten nur noch Ort und Tagesdatum. Der Tote, der sehr alt geworden war, hatte vermutlich keine Familie und keine Freunde mehr. Der Stil ist mir etwas zu militärisch, aber sonst gefällt mir diese Abschiedsmeldung des einsamen Mannes. Bestimmt gab es noch Menschen, die ihn kannten, aber nicht umgekehrt

Von Hans Magnus Enzensberger gibt es zwei gute Bücher: »Mausoleum« (1975) und »[Der] Untergang der Titanic« (1978) – den Artikel im Titel hätte er allerdings weglassen können

Eine Staatsanwältin, die die tiefe Stimme einer starken Raucherin und Trinkerin hatte und mit der mich einige unangenehme Konfrontationen im Gerichtssaal verbanden, wartete an der Bushaltestelle am Thermalbad, stadtauswärts. Als ich hinzu kam, strahlte sie mich an und rief:»Ich war gerade in Berlin und habe Christos verhüllten Reichstag gesehen – wunderbar, wunderbar!« 2021 soll der Eiffelturm verhüllt werden, postum. Christo ist seit kurzen tot, aber sein Werk arbeitet noch. Die inzwischen pensionierte Staatsanwältin lebt auch noch, sie ist jetzt winzig. Als wir uns an der Bushaltestelle trafen, erkannte sie mich nicht mehr. Ich sagte etwas Floskelhaftes zu ihr, konnte aber keinen Ton aus ihr hervorlocken

Chopin: Benn hat ihm ein langes Gedicht gewidmet, mit einem schönen Schluss – ein Zitat, das ich verinnerlicht habe:»Meine Versuche sind nach Maßgabe dessen vollendet, / was mir zu erreichen möglich war.« Und Enzensberger zitiert ihn so:»Alles, was ich bisher gesehen habe, scheint mir unerträglich veraltet.« Auch das ist meine Meinung – obwohl ich auch Apollinaire und Marinetti bewundere (man muss ja nicht Recht haben wollen)

Wer eine alte Armbanduhr kauft, muss wissen, dass sie vermutlich einem Verstorbenen gehörte. Vielleicht befinden sich noch Leichengase im Uhrgehäuse und Leichenfett in den Scharnieren des Armbands. Deshalb: Alte Uhren nur beim Spezialisten kaufen, der sie komplett gesäubert und revidiert hat

Kondolenzschreiben: Bei jedem Todesfall höre ich von den engsten Hinterbliebenen, niemand habe so einfühlsam und aufmunternd geschrieben wie ich. Vielen Dank! Sie müssen weinen. Ich komme mir ganz verlogen vor. Beim Verfassen eines Schriftstücks mache ich doch nur meine Arbeit. Inzwischen habe ich sogar analysiert, woran es liegt, dass sie mir bei Todesfällen immer so gut gelingt

N.N.: Zu geizig, um Danke zu sagen! Jedes Geschenk wird als Ausdruck von Raffgier betrachtet, weil es Dank verlangt. Ein Schenker wäre nur dann wirklich groß-zügig, wenn er sich über vernichtende Kritik an seinem Geschenk erfreute

Als ich Hans Dieter Schäfer am 11.11.1978 in Zürich kennenlernte, erzählte er zu vorgerückter Trinkstunde, dass er einmal mit Günter Eich im gleichen Bett geschlafen hätte. Das wirkt skurril, war aber bestimmt das Ergebnis einer Zimmerknappheit im Hotel. Ich notiere es deshalb hier, weil Schäfer der vielseitigste und beste deutsche Schriftsteller und Lyriker nach 1968 ist. Wenn ich ihn Freunden erkläre, füge ich immer hinzu, dass er das einzige Genie ist, das ich in meinem Leben kennengelernt habe. Natürlich hat er sich nicht bei Eich angesteckt, der damals unser aller Vorbild war. Auch ist die Sache mit dem gleichen Bett bestimmt übertrieben und es war nur die Beistell-Couch, aber es passt gut ins Bild

Weihnachten 1959 bekam ich einen Dackel geschenkt, Dickie, weil ich so einsam geworden war. Die Jahre zuvor hatten wir in einer kinderreichen Straße in Wilmersdorf gewohnt, nun hatten die Eltern ein Haus in einer feinen Villengegend gekauft, wo die Nachbarschaft aus Botschaftsgebäuden und herrschaftlichen Stadtvillen hinter hohen Stakentenzäunen bestand. Dickie war mir einige Jahre ein treuer Freund – bis ich zum Studieren nach München und dann nach Freiburg ging und nie wieder zurückkam. 1970 bekam ich einen Brief von der Mutter, der damit begann, sie habe mir etwas sehr Trauriges mitzuteilen, ich solle nicht weinen, Dickie sei gestorben. Er hatte Probleme gehabt, Luft zu kriegen; immer wieder wollte er sich im Vorgarten unter einer bestimmten Tanne verkriechen, sie habe ihn immer wieder »mit Gewalt« in die Wohnung holen müssen. Neben dieser Tanne hatte ich mich früher öfter mit Selbstauslöser fotografiert, wenn die Eltern nicht daheim waren. Dann sei der Vater mit ihm zum Tierarzt gefahren, der ihn eingeschläfert habe. Man habe Dickie zusammen mit seiner Lieblingsdecke, seinem Körbchen und Halsband und Leine hinten im Garten bei der großen Tanne begraben. Sie hätten sehr geweint, aber Dickie habe da einen schönen Platz. Ich reagierte ganz gelassen, kein Anhauch von Trauer, etwas Altes war zu Ende gegangen, ich war frisch verliebt und abends im »Mylord« verabredet. Genau fünfzig Jahre später, 2020, denke ich oft an den Tod von Dickie. Ich habe großes Verständnis und Sympathie, dass er sich unter der Tanne zum Sterben zurückziehen wollte, und es tut mir weh, dass die Mutter ihn immer wieder hervorgezerrt und nicht in Ruhe gelassen hat. Überhaupt macht mich der Tod von Dickie traurig, und ich habe um ihn geweint

Es gab einige Fehltritte in meinem Leben, falsche Entscheidungen, Unvermögen, Falschheit (auch von mir); ein paar Mal hätte ich zu Tode kommen können, zweimal auch andere (durch mich). Ich habe nie etwas dazutun müssen, damit alles gut ausging. Aber jetzt, wo ich die Siebzig überschritten habe, denke ich daran, dass ich auf manche Dinge mehr Einfluss nehmen sollte, was schwer ist, wenn man es nicht gelernt hat

In den TV-Nachrichten wurde eine Nachricht mit einem
Foyer bebildert, in dem ein Politiker stand und einige
Sätze in ein Mikrophon sagte, das ins Bild ragte. Im
Hintergrund konnte man einen Paternoster fahren
sehen. Da fiel mir ein, dass ich schon lange keine Dreh-
türen mehr gesehen habe und ebenso wenig dicke
Filzvorhänge als Windfang an Außentüren. Ich überleg-
te einen Moment, wo ich die Chance hätte, derlei noch
einmal zu erleben. Einen Paternoster benutzte ich
zuletzt in den 1970er Jahren im Haus des Senders Freies
Berlin. Dort setzte man mich in ein Wartezimmer, wo
auch Udo Lindenberg wartete – im dunklen Anzug mit
Krawatte, ohne Hut. Nach einer Weile sagte er zu mir:
»Warten Sie auch auf Herrn Müller?« »Nein«, sagte ich,
»ich warte auf Rolf Haufs vom Kulturellen Wort, den
Lyriker.« »Ah«, sagte Udo Lindenberg, »dann sind Sie
sicher auch Dichter?« »Ich bin dabei, es zu werden«,
sagte ich. Dann wurde Udo Lindenberg aufgerufen und
gleichzeitig abgeholt. Später auf dem Rückweg benutzte
ich wieder den Paternoster – zur Probe fuhr ich runter,
dann wieder rauf und dann noch einmal runter, natür-
lich alles ohne auszusteigen

Gottfried Benn hat im Alter die Auffassung vertreten, dass selbst die größten Dichter nicht mehr als sechs Gedichte hinterlassen hätten, um dieses halbe Dutzend ginge der Kampf, »die übrigen mögen interessant sein unter dem Gesichtspunkt des Biographischen und Entwicklungsmäßigen des Autors, aber in sich ruhend, aus sich leuchtend, voll langer Faszination sind nur wenige – also um diese sechs Gedichte die dreißig bis fünfzig Jahre Askese…« Benns Fixierung auf die sechs Gedichte wirkt auf mich etwas zwanghaft, und die Zahl, die er nennt, scheint eher beliebig – denn eine Erklärung, warum es gerade sechs Gedichte sein sollen, die ein Dichter vollendet gestalten kann, bietet er nicht. Aber die scheinbar unbedachte Zahl war offenbar in Benns Unterbewusstsein fest verankert. Eine Erklärung erhellt sich, wenn man bedenkt, dass »sechs« und »Sex« akustisch gleich lauten. Wir wissen, dass Benn im Alter immer noch sehr an Sex interessiert gewesen war, so dass er vielleicht bedauerte, zu viel Askese in den fünfzig Jahren seines Dichterlebens geübt zu haben

Ein Held meiner Jugend ist der US-General Lucius D. Clay. Das erste Wort, das ich als Kleinkind sprechen konnte, sei »Hauley« gewesen, erzählten die Eltern immer mal wieder. Im Sommer 1948 blockierte die sowjetische Besatzungsmacht die Land- und Wasserwege von und nach Berlin. Clay, bis 1949 Militärgouverneur der amerikanischen Besatzungszone in Deutschland, war der Initiator der sogenannten »Berliner Luftbrücke« und organisierte sie: Die Berliner wurden durch Flugzeuge der westlichen Alliierten versorgt. Als die Luftbrücke begann, war ich noch nicht ein Jahr alt, als sie endete kaum zwei. Er war der Held aller Berliner, und täglich stand etwas über ihn in den Tageszeitungen. Die Mutter zeigte mir eine Zeitungsseite, wo er abgebildet war und sagte zu mir: »Kuck mal, Peterchen, das ist der General Clay – sprich mir mal nach Ge-ne-ral-Clay«. Ein paarmal schaute ich dumm, dann sagte ich laut und lustig und immer wieder »Hauley-Hauley-Haulay« usw. Am nächsten Tag sagte die Mutter zu mir, deutend auf ein Bild des Generals: »Wer ist das? Peterchen, sag mal der Mutti, wer das ist?« Und der kleine Peter antwortete: »Hauley-Hauley!« Die Mutter war begeistert, ich hatte den General Clay erkannt. Später sagte die Mutter öfter zu mir: »Ich wollte immer einen intelligenten Sohn haben.« Manchmal fügte sie hinzu: »Es ist aber vielleicht ein bisschen zu viel des Guten geworden.« Später, als Gymnasiast, interessierte ich mich für den General Clay. Unmittelbar nach dem Ende der Berliner Blockade quittierte er den Militärdienst, er hatte ihn zu sehr angestrengt; er hatte immer Differenzen mit seinem Vorgesetzten, General Eisenhower, gehabt. Die New

Yorker bereiteten ihm die berühmte Konfetti-Parade. Er wurde aber nicht auf dem Heldenfriedhof in Arlington bestattet, sondern auf dem Friedhof der Militärakademie West Point. Ich finde, es war etwas anspruchsvoll, von mir als Kleinkind zu erwarten, dass ich den General Clay erkenne und benennen kann. Warum hat sie mir nicht einen Apfel gezeigt und gesagt: »Schau mal, Peterchen, das ist ein Apfel – sagt mal Ap-fel?«

Mein Freund, der Schriftsteller H., schildert in seinem ersten Roman eine Szene, in der der Ich-Erzähler, ein Professor, in der Universität auf der Toilette sitzt und in der Kabine daneben ein Kollege; er fühlt sich beim Scheißen gehemmt, weil er nicht mit Fäkalgeräuschen auffallen will. So habe ich es in Erinnerung. Als Schüler hatten wir keine Abneigung gegen Toiletten. Wir lungerten dort gerne herum – es war ein Treffpunkt zum Rauchen und Sprüche an die Wände schreiben. Wenn jemand sich im Sinne des Ortes erleichterte, bemerkten wir das gar nicht. In den großen Pausen waren die Toiletten unser Club

Als ich 1972 nach Konstanz kam, gab es in der Stadt noch französische Besatzungssoldaten. Es war Tag der offenen Tür in der Jägerkaserne. Die Kleinen durften in Panzer klettern, und für uns junge Erwachsene gab es Bratwürste und Bier. Es war wie ein kleines Oktoberfest. Damals gab es noch Schwulenbars, fünf oder sechs in dieser kleinen Stadt (wegen der Grenzlage zur prüderen Schweiz). Die Schweizer Schwulen waren genau so zahlreich wie die französischen Soldaten, die Uniform trugen und freigebig waren mit ihrem Sold. Die arbeitslosen Boys hingen wie Kletten an ihnen. Einmal stand ein Artikel in der regionalen Zeitung, der sich um den französischen General Jean de Lattre de Tassigny drehte. Wegen meiner alten Verehrung für General Clay interessierte ich mich für ihn und fand heraus, dass er ebenfalls ein Held war. Südwestdeutschland wurde im Frühjahr 1945 von der Ersten französischen Armee erobert, deren Oberkommandierender de Lattre de Tassigny war; ich sage mit Absicht nicht »befreit«, das setzt den Focus zu egozentrisch – die französischen Soldaten mussten »erobern«, teilweise gab es heftige Gegenwehr deutscher SS-Korps. Schlimme Verluste bei der Einnahme von Freudenstadt; in Singen nahm sich der Oberbürgermeister das Leben. Konstanz ergab sich kampflos (eine Heldengeschichte anderer Art.) Nichts wurde zerstört, nur ein Einwohner starb durch einen Unfall. De Lattre de Tassigny praktizierte ein strenges Regiment. Die Franzosen galten als unangenehme Besatzungsmacht, strenger als die Amerikaner und Briten, weil sie durch die vorausgegangene Besetzung ihres Landes gedemütigt waren und man Rachegelüste vermutete. Aber de Lattre war das, was man *streng aber gerecht* nennt – auch zu seiner eigenen Truppe. Es gab keine Demütigungen oder Erschießungen – aber strenge Auflagen. Zur Gemarkung Konstanz gehört die Bodensee-Insel Mainau, die sich seit 1928 im Eigentum des schwedischen Königshauses befand und von dem Grafen Lennert Graf Bernadotte bewirtschaftet wurde. Bei Kriegsbeginn 1939 ging der Graf nach Schweden und kehrte erst 1946 zurück. Für die Zeit seiner Abwesenheit hatte er die Insel an die NS-Organisation Todt von Rüstungsminister Albert Speer verpachtet. Auf dieser paradiesischen Insel sollte ein Erholungsheim für höhere Offiziere erstellt werden. Nachdem de Lattre de Tassigny Konstanz eingenommen hatte, beschlagnahmte er die Insel und verfügte, dass sie als Sanatorium für schwerkranke, an Typhus und Ruhr leidende ehemalige Insassen des Konzentrationslagers Dachau eingerichtet wurde. Viertausend Ex-Häftlinge holte er an den Bodensee, damit sie sich auf der Mainau (und auch auf der Insel Reichenau) erholen konnten. Eine wunderbare Idee, die direkt neben meiner Phantasie von der Berliner Luftbrücke steht! Ich habe später ein Foto erworben, darauf steht de Lattre in Profilansicht, sehr gerade aufgerichtet, in tadellos sauberer Uniform mit Képi auf dem Kopf – in der rechten Hand hält er ein kleines Stöckchen, aber gesenkt. Ihm gegenüber steht eine Gruppe Männer, alle kleiner als er, alle etwas abgerissen wirkend, ihre Kopfbedeckungen in den Händen. Hat er sie antreten lassen? Hält er eine kleine Rede? Es wirkt so. Obwohl er größer ist, schaut er nicht auf die Männer runter, er hat vielmehr das Kinn etwas angehoben – aber dafür die Augen gesenkt. Schon 1952 ist de Lattre de Tassigny (in meiner Phantasie der einzige Mann mit zwei Adelsprädikaten im Namen) gestorben. Postum wurde ihm vom französischen Staat der Rang eines »Marschalls von Frankreich« verliehen – die höchste denkbare Auszeichnung für einen Sterblichen

Als ich auf den Auslöser drückte, wusste ich sofort, dass dies ein ikonisches Bild für das kollektive Gedächtnis der Menschheit werden würde. So wird der Fotograf des Besten Pressefotos des Jahres in der Tageszeitung zitiert. Leider habe ich die Seite nicht aufgehoben und erinnere nicht mehr, was auf dem Bild zu sehen ist. Aber dieser Satz eines grandiosen Selbstbewusstseins hat sich mir eingeprägt

Einmal habe ich mir in der Küche, wo die Mutter rumfuhrwerkte, mit dem Brotmesser in den linken Daumen geschnitten, und es blutete. Die Arztpraxis des Vaters war auf der gleichen Etage in der Wohnung gegenüber. Mutter schnappte mich und stürmte mit mir in die Praxis und verlangte von der Arzthelferin, dass der Vater sofort komme – ein Notfall! Vater sah sich den Daumen an und sagte zur Mutter: »Verschwinde, Du hysterische Kuh! Im Wartezimmer sitzen vierzig Kranke und warten auf mich. Die sitzen alle geduldig da, bis sie dran sind. Einer hat sich den Arm gebrochen.« Er schmierte mir etwas Blutstillendes auf den Schnitt, klebte ein Pflaster darüber und sagte: »Geh hinterher, ist nicht weiter schlimm.« Vater war der erste Arzt, der nach dem Krieg in Schöneberg eine Hausarztpraxis aufmachen durfte. Er hat sogar Knochenbrüche gerichtet und vergipst ohne Röntgenaufnahmen, nur nach Gefühl. Hinterher waren sie meistens etwas schief zusammengewachsen, nie mehr so zu gebrauchen wie vorher, aber die Patienten waren dankbar und haben ihm Schnaps, Tomaten und Butter als Geschenke gebracht. Etwas später warf mir auf der Straße beim Spielen ein Junge einen kleinen Stein an den Kopf. Es gab einen Riss links auf der Stirn. Blut lief mir über das linke Auge, und ein Rinnsal tropfte auf den Boden. Ich rannte nach Hause und rief: »Ich verblute, ich verblute!« Die Mutter schnauzte mich an: »An so einem kleinen Riss ist noch keiner verblutet. Nimm Dich zusammen, Du Memme!« Viel später las der Arzt und junge Autor Rainald Goetz beim Literaturzirkus in Klagenfurt. Während er las, schnitt er sich mit einem Messer in die Stirn. Jetzt tropfte ein ordentlicher Schwall Blut auf sein Manuskript, während er ungerührt weiterlas. Hinterher hat er erklärt, dass solche Verletzungen schlimm aussehen, weil viel Blut fließt, dass sie aber ganz harmlos seien. Die Stirn ist von vielen Blutgefäßen durchzogen. Ich meine auch, dass meine Stirnverletzung viel mehr geblutet hat als der Schnitt in den Daumen. Mutter hatte gelernt, aber nicht bedacht, dass ich ein Kind war

Warten auf Godot – aber er kommt nicht. Godot wartet selbst auch – auf Wladimir, auf Estragon, auf uns. Aber wir kommen alle nicht. Godot ist vollauf beschäftigt mit warten, er kommt zu nichts anderem

In Büchern, die ich gelesen habe, habe ich oft das Tagesdatum eingetragen. »Die Stimme hinter dem Vorhang« beendete ich am 31.10.1966. Über fünfzig Jahre her also – ein gutes Gefühl. Aber es wird nicht dazu kommen, dass ich sagen kann, dieses Buch habe ich vor zweihundert Jahren gelesen. Schade – die Perspektive wäre noch einmal anders

Was ein Mensch vergisst, daran kann er sich auch erinnern. Theoretisch. Wer kann wissen, was das Richtige ist?

Das literarische Werk von Peter Salomon

(Auswahl)

Autobiographische Fußnoten

Gesammelte autobiographische Prosa 1995-2009
164 Seiten, Broschur, ISBN 978-3-86142-467-3, 13.00 €

Der See geht unter!

Gedichte, Prosa, Übertragungen
Ein Lesebuch. Zusammengestellt von Klaus Isele
160 Seiten, ISBN 978-3-7386-0058-2, 16.80 €

Die Jahre liegen auf der Lauer

Neue Gedichte
90 Seiten, Broschur, ISBN 978-3-86142-550-2, 12.00 €

Die Natur bei der Arbeit

Gedichte vom See 1974-1999
Bibliophiler Leinenband mit Blindprägung und
Fadenheftung, 64 Seiten, ISBN 978-3-86142-179-5, 12.50 €

Kleine Pannenhilfe für Schöngeister

Gesammelte und neue Gedichte 1968-2004
200 Seiten, Hardcover, ISBN 978-3-86142-326-3, 15.00 €

Nichts ist so schwer wie Papier

Gedichte
80 Seiten, Hardcover, ISBN 978-3-8370-7727-8, 15.00 €

Vorteile der zweiten Klasse

25 Erzählungen
148 Seiten, Hardcover, ISBN 978-3-7481-5592-8, 16.80 €

Peter Salomon (Hrsg. von Klaus Isele)

Porträts, Lesarten und Materialien zum literarischen Werk
276 Seiten mit zahlr. Fotos und Beiträgen von Kollegen
Broschur, ISBN 978-3-7386-0014-8, 18.00 €

EDITION KLAUS ISELE